El Jardín

Una Parábola

Gueshe Michael Roach

Traducido del inglés por

Isidro Gordi y Marta Moll

Ediciones Amara

Título original: The Garden/ A Parable.
Publicado por Ediciones Amara por gentileza de Diamond Press.

Traducción 2000: © Isidro Gordi y Marta Moll
Primera edición. 2001
Segunda edición. 2005
Tercera edición. 2019
Diseño de la portada: © Federica Mahieu
Maquetación © Clara Gispert

ISBN de la obra: 978-84-95094-66-7
Depósito Legal: ME 371-2019

Contenido

Introducción del Traductor

El *Jardín. Una Parábola* es una brisa de aire fresco en medio del ajetreo de un mundo cada vez más cambiante y complejo. Pero también resulta ser una manera novedosa e increíblemente brillante de presentar al mundo moderno los perennes y sabios consejos de la milenaria tradición budista que surgió en el Tíbet.

Su mensaje se ubica más allá de las peligrosas emboscadas culturales, políticas e históricas que, desafortunadamente, esconden la auténtica experiencia religiosa que todo ser humano tanto anhela y que se encuentra en el Dharma que se preservó en el Tíbet.

El *Jardín* llegará a nuestro corazón y lo llenará de bendiciones, porque está escrito por una persona de nuestro mundo occidental y que se ha sumergido en el océano de néctar que proviene del excelso adiestramiento budista tibetano tradicional. Estoy convencido de que la lectura del *Jardín* resultará inspiradora para cualquier persona interesada en su desarrollo interno.

Un agradecimiento muy especial a Marta Moll y María Rodriguez por sus innumerables consejos para la presentación final del texto.

Isidro Gordi
Son Gall. Ciutadella de Menorca
Septiembre 2000

El Sol

Nos conocimos el día de Acción de Gracias; nuestras madres eran amigas. Su madre tenía cuatro hijas, la mía cuatro hijos; y seguramente se encontraron un día en el mercado y planearon la cena.

Aquel día, mis hermanos y yo trabajábamos cerca de la casa sin saber nada del plan, íbamos cubiertos de fango y estábamos intentando arreglar un carro. Las hijas entraron a caballo una tras otra, sucesivamente. La primera, la mayor, tras desmontar en el corral, nos vio cuando asomábamos los rostros sucios desde debajo del eje de la rueda. Era extraordinariamente bella, de pelo negro y ojos oscuros. Después de que ella entrase en la casa, continuamos trabajando a medio gas, hasta que llegó la segunda hija, que era rubia, de complexión fuerte e igual de llamativa. Nos incorporamos de inmediato, intentando sacudirnos el polvo de la ropa.

Entonces vino una tercera visión. Parecía salir de un cuento de hadas; su pelo era rojizo, tenía los ojos y el rostro risueños. Su sola mirada, al pasar frente a nosotros en dirección a la puerta de entrada donde se encontraba mi madre, fue suficiente para hacernos olvidar el carro y empezar a lavarnos las manos y la cara en el abrevadero. Luego, en un carro más pequeño, llegó la madre y, sentada a su lado, la hija menor, esbelta y tranquila, de rizos dorados, tan resplandecientes, a decir verdad, como los rayos de sol rojos y dorados que le tocaban el rostro al ocultarse detrás de la casa. Después, nos reunimos todos en el cálido hogar a la luz de las velas, con la comida y la fragancia de las hermanas.

Al día siguiente vimos que se había quedado olvidada una pequeña cazuela detrás de uno de los platos que habían traído;

éste fue quizás el primero de los accidentes que en el curso de una vida entera me fueron pareciendo cada vez menos accidentales. Mi madre se volvió y me sugirió ir a devolverla; me miró y, de nuevo, su mirada pareció instarme a ir porque había una razón importante. Así lo hice.

Mientras su madre me abría la puerta también me miró con los mismos ojos, y yo devolví la cazuela cruzando el umbral para poder implicarla en una conversación que parecía de algún modo planeada. Le pregunté si su hija rubia podría ir a pasear un par de noches, y sonrió con suavidad, mirándome a los ojos con sus amables ojos castaños, y respondió que estaría bien.

Primero, me dirigí por los caminos que yo conocía; ella me seguía y me sentí orgulloso de que no rehusara mi brazo. El movimiento de su pelo en mi hombro me impedía ver bien el camino. De repente, estábamos en otro sendero, bastante oscuro y desconocido para mí; era una de aquellas noches de principios de invierno en el desierto donde vivíamos.

Aquello marcó el principio de mi aprendizaje; no sobre las cosas de los libros y las clases, a las que había dedicado mucho tiempo, sino sobre lo que es verdaderamente primordial en la vida de una persona, las cosas que cuando envejeces comprendes que son las más importantes: las cosas del espíritu. Fue cuando, por vez primera, vi cara a cara al gran enemigo de la humanidad. Ella me lo enseñó, y también me mostró al guerrero dorado que derrotaría a este enemigo, si no lo hacía antes la muerte.

Me llevó hacia un jardín con paredes de piedra, cerrado en su lado oeste por una pequeña capilla de piedra, pero todo lo que realmente vi aquella primera noche fue un gran árbol, poco frecuente en el desierto, con un enorme y ancho tronco, y elevadas ramas que caían hacia abajo, como un refugio contra la noche y el mundo exterior. Apoyé mi espalda en el árbol y ella se apretó contra mí, y a lo largo de su pierna, apoyada en la mía, sentí un intenso estallido de calor, como si fuera el calor del sol, un ardor casi sobrenatural que raramente he sentido desde entonces en otro ser humano.

Para impresionarla con mi educación escolar se me ocurrió explicarle algo acerca de mis estudios, algunas ideas de los libros con los que había estado, y mencionarle mi fama en aumento en la escuela. Abrí la boca para hablar...

Ella me miró con preciosos ojos castaños de gacela, con los párpados medio cerrados, como si experimentara algún placer que yo no pudiera ver; y me quedé mudo. Lo que me decían aquellos ojos lánguidos era que mi auténtica lección no estaba en mis estudios, sino en poder dominarme a mí mismo y a mi orgullo. Lo aprendí a los dieciséis años, de esta joven menor que yo. Y como si se tratase de una recompensa, frotó su mejilla contra la mía, mientras su exuberante pelo dorado caía sobre mí, como una cascada de agua.

Me conmovió de un modo que me resultaba nuevo, y fue entonces cuando conocí la lujuria por primera vez, que desde aquel momento sería un gran y digno enemigo a lo largo de mi vida. Mis manos se movieron en busca de sus pequeños pechos, y de nuevo aquellos ojos se dirigieron a mí un poco más abiertos, esta vez con un ligero brillo de dureza, y me di cuenta de que no debía mover mis manos. En aquel momento, aprendí de estos ojos una segunda lección, y noté que mi corazón entraba en una segunda región, una especie de bondad.

Ella se volvió, cogió mi mano, y me sugirió abandonar el jardín con ella, sin haber pronunciado aún una palabra. Me invadió un sentimiento de dolorosa decepción, y justo cuando estas emociones se hacían más claras ella se detuvo y se dio la vuelta para mirarme por tercera vez.

No puedo describir lo que vi, pero sí dar algunas pistas: un Angel dorado erguido frente a mí, con los brazos un poco separados del cuerpo, las palmas de las manos vueltas hacia mí, y el pelo dorado y lustroso, enmarcando Su rostro como un halo. Su cara brillaba, bañada por la luz de la luna que se asomaba por encima del algarrobo detrás de nosotros. Su blusa de seda suave y su falda fluían ligeramente debido al aire del desierto, y de nuevo sus ojos me preguntaban qué derecho tenía de enfadarme, ahora o en el futuro, con Ella o con cualquier ser vivo, pues ¿no era la razón de mi estancia en esta vida, desde su inicio, y a partir de entonces, únicamente aprender a derrotar la oscuridad de mi propia mente y dar vida, una vida que nunca cesa, a la luz dorada en ella?

Con estas palabras, Ella marcó el inicio de mi vida, tal y como la contaré aquí. Y cuando nos separamos sólo dijo: "Ve, toca el Sol; no te dañará".

El Dolor

A medida que pasaron las estaciones, Ella me llevó al jardín en muchas ocasiones, continuando las lecciones que allí había empezado. Siempre era de noche, y una vez atravesado el portalón nunca decía ni una palabra; toda la enseñanza era a través de sus ojos, sus manos, pelo y caricias. Las clases seguían un patrón habitual; yo pensaba sólo en su ternura y fragancia, y lo que ella pensaba, en verdad, nunca lo supe.

Durante horas permanecíamos como dos jóvenes enamorados: pasábamos el tiempo explorando, o descansando, tumbados en la hierba bajo el algarrobo, mientras escuchábamos el rumor de la fuente y de los pocos pájaros nocturnos del desierto o, simplemente, sentíamos la brisa del desierto en nuestros cuerpos. Cuando aparecían en mi mente pensamientos como una especie de orgullo, algún tipo de deseo, desagrado u odio, inmediatamente ella abría los ojos, normalmente medio cerrados con un placer desconocido para mí y, de repente, se endurecían, casi acusadores: así sabía que Ella era consciente de lo que yo pensaba y no me daba otra elección que observar mi mente, como si fuera un espejo, y ver la inutilidad e impureza de los pensamientos, o simplemente y tranquilamente, detenerlos. Y detenerlos era un placer, no sólo por el hecho en sí, sino porque al instante siguiente tendría alguna gratificación, como se recompensa a un niño con un caramelo, ya que cada vez que mis pensamientos se hacían más puros, recibía una caricia, un beso o el roce de su pelo. En el jardín me adiestró como a un cachorro a observar mis pensamientos y a intentar transformarlos en limpios y puros.

Las lecciones nocturnas tenían su propio ritmo y marcha, pero paralelas a ellas, continuaba mis lecciones en la escuela, aprendiendo las cosas del mundo. Las lecciones nocturnas eran como un mundo aparte, pero cuando la luz del día aparecía, a menudo tenía la impresión de que las lecciones diurnas eran las reales, las importantes. Destacaba, y cuando recibí una carta con el sello y la firma del Rey, invitándome a viajar a la capital para conocer la Corte y ser admitido en la Academia Imperial, sentí una mezcla de poder y orgullo. Era el sueño de todo estudiante del campo, además de un raro honor. Asiendo con avidez la carta me dirigí a la casa de su madre, para mostrarle mi premio a la Dorada.

Fue una lección poco frecuente, y la mejor que haya recibido nunca sobre el orgullo. Nunca olvidaré su aspecto, ya que, de hecho, fue una de las últimas veces que la vi. Estaba sobre una poltrona, medio sentada, medio tumbada, con su lustroso pelo dorado esparcido por la espalda y vestida con una sencilla camisa corta que relucía con una tonalidad sedosa, estampada con rosas rojas hechas de alguna tela dorada japonesa, no muy conocida en nuestro lugar en aquellos tiempos. Entré para mostrar la carta y el mensaje con el sello real, y la exhibí en su dirección:

—¡Es del mismo Rey! ¡Una invitación para conocer la Corte y entrar en la Academia!

En sus ojos castaños, no obstante, no vi una expresión notoria de reconocimiento. Tan sólo me miró con una inocencia total, mezclada con una expresión como drogada de placer, parecida a la de un ciervo u otro animal salvaje, y que podía confundirse con la simpleza o, quizás, la omnisciencia. Y de nuevo, sin una palabra, sólo el espejo en el que vi mi propia arrogancia en aumento. Me contuvo, pero no hasta el punto de hacerme cambiar de opinión, y antes de que el año terminase ya me había marchado a la capital y a mis estudios.

Puedo describir en un momento lo que tardó años en ocurrir: digerí la capital, la Corte y la Academia, pero acabaron devorándome. Adquirí muchos conocimientos, pero poca sabiduría de aquellos que estaban tan cualificados para enseñarme tan poco. Regresé a casa con el tan honrado diploma, pero me sentía vacío y un poco perdido.

Había perdido el rastro de ella; mi madre había fallecido y mis hermanos se habían ido, y con ellos cualquier información sobre dónde podría encontrarla. Aún me sentía muy atraído hacia el Jardín, y tuve la fuerte intuición de que si lograba comprender ese lugar la volvería a encontrar allí mismo, sin tener que buscar inútilmente en el mundo exterior. Así que busqué un pequeño lugar donde vivir, leer y escribir y, por las noches, empecé a visitar el Jardín; y allí pasaba horas caminando o sentado en el banco de madera debajo del algarrobo, o de pie cerca del portalón, por si Ella venía.

Una noche, mientras estaba allí sentado orando, rezando por un único deseo, noté en la oscuridad que alguien por detrás se acercaba. El corazón me dio un brinco y sentí una profunda gratitud por ver la oración cumplida. Me volví expectante y levanté la mirada. Pero el rostro que encontré fue el de otro ser y, lentamente, maravillado, fui cayendo en la cuenta de que era el del más célebre maestro del antiguo adiestramiento tibetano: era el rostro del Gran Tsong Khapa, frente a mí, idéntico a como lo vemos en las reproducciones de las esculturas originales moldeadas hace más de quinientos años. No era un rostro especialmente elegante, ni era su mirada amable; no era el tipo de rostro que imaginaríamos que aquel gran conocimiento y compasión infinita podrían haber esculpido. No era un rostro sereno ni distinguido, sino que tenía una expresión dura, unos ojos punzantes en un rostro pequeño dominado por una gran nariz, como el pico de un halcón, anchas y largas orejas y, sobre todo, emanaba una sensación de poder mezclada con una compasión abrumadora, una compasión exigente, una compasión activa.

—Ella no está aquí —dijo con sencillez—, lo que ves soy sólo yo, pero puedo ayudarte en tu búsqueda, de esto estoy seguro, puesto que eres alguien que ha estado desperdiciando su vida hasta ahora, y probablemente desperdiciarás el resto a menos que aprendas las lecciones de este Jardín.

—Pero yo no he desperdiciado mi vida —objeté—. He estado en la Academia Imperial, tengo el diploma de la Academia con honores; nadie ha llegado tan lejos en mi tierra. Soy uno entre un millón.

—Aún así insisto en que has desperdiciado tu vida. ¿Qué puede proporcionarte este papel, este Diploma de la Academia Imperial?

—Me podría convertir en un experto en leyes, en medicina o en cualquier otra ilustre y respetada profesión y, de ese modo, ganarme la vida.

—¿Ganarte qué vida? —preguntó, y se plantó ante mí belicosamente. Me sorprendió un poco ver su corta estatura y, de algún modo, me sentí más reconfortado.

—Para ganarme la vida —dije—, no quiero decir tener grandes riquezas; ya sé que este no es el objetivo único de la vida, lo he aprendido en mis cursos de Filosofía. Por ganarme la vida entiendo obtener una cantidad moderada de riqueza que proporcione comodidad a un hombre y a su familia.

—Y tener una familia en una casa cómoda, con una moderada cantidad de comida decente, ¿no sería desperdiciar la vida?

—Por supuesto que no, esto no sería desperdiciar la vida; sería una vida buena, plena y significativa.

Al oír la palabra "significativa", palideció ligeramente, incluso en la oscuridad, y fijó sus ojos de halcón en los míos; parecía un halcón por la nariz grande y por como me sujetó el brazo.

—¿Así que no es desperdiciar la vida tener una existencia llena de dolor y sufrimiento sin hacer absolutamente nada para escapar de dicho dolor y sufrimiento?

Yo estaba confundido:

—Por supuesto si sólo se tratase de dolor y sufrimiento sería un desperdicio, pero la vida no es sólo esto, también incluye belleza y comodidad; una buena casa, una buena familia, el cuidado de los seres amados, y una comunidad de buenos amigos.

—Así que no es dolor —dijo, tirando de mí para empezar a caminar por la hierba hacia la pared del norte, cerca del portalón— ¿no es dolor romperse un hueso, cortarse la mano o perder a la propia madre?

Al instante empecé a recordar ese mismo dolor:

—Por supuesto que todo esto es desagradable y duele, pero no es de lo que está hecha toda la vida. El dolor aparece de vez en cuando, sucede en ciertos días y en ciertos años y, por descontado, no hay ninguna persona que sólo haya experimentado dolor en su vida y no haya disfrutado de alguna belleza y felicidad.

—¿Qué felicidad? —preguntó— ¡Qué felicidad!

De nuevo me sorprendió, ya que el Gran Tsongkhapa en carne y hueso, este hombre menudo e intenso que caminaba a mi vera no parecía un filósofo excepcional después de todo, y me empecé a sentir decepcionado, no sólo por su apariencia física sino también por sus preguntas.

—Felicidad, bien, ¿qué hay de la felicidad de un niño, un niño alegre y sonriente?

—¿Así que ésta es tu idea de felicidad, el rostro de un niño alegre?

—Sí —respondí— por supuesto, este mismo rostro. ¿Quién negaría su belleza? ¿Quién podría decir que es dolor o sufrimiento?

Se paró, giró a mi alrededor y me miró con un rostro que parecía apenado y enojado.

—Este niño —dijo—, ¿no será este niño testigo de cosas terribles? Y si vive lo suficiente, ¿no verá la muerte de sus padres, sus queridos padre y madre? ¿No será testigo de guerras, del odio y la violencia de los hombres unos contra otros? Si vive lo suficiente, ¿no verá la pérdida de todo lo que ama? Y con el tiempo y de manera inevitable, ¿no se convertirá el rostro en el de un anciano incapaz y sin dientes?

Me retracté:

—Por supuesto, por supuesto, es posible…

—¡Posible! —casi me chilló—. ¿Posible? ¿No son estas cosas, de hecho, bastante probables? ¡podemos incluso afirmar que son seguras!

—Sí, supongo que es muy probable que cualquier niño actual, por más feliz que sea, será testigo de todas estas cosas y se volverá viejo e incapaz, un hombre anciano que sufre.

—Por lo tanto, ¿cómo puedes decir que el rostro del niño es hermoso? —insistió.

—Es obvio —objeté, y esa objeción surgía de mí de modo plenamente seguro, natural, desde lo más profundo—. El niño es alegre y es hermoso, en el momento en que nos mira de esa manera. Y aunque más tarde ese niño sea testigo del terror y la furia de la vida, habrá sido, sin embargo, en ese momento, durante su juventud, alegre y hermoso.

—Es decir, es agradable —se volvió más gentil y pensativo—, ¿es agradable y no doloroso, deslizar lenta y profundamente la lengua por el filo de una cuchilla de afeitar?

La imagen, el pensamiento de deslizar la lengua por una cuchilla de afeitar de nuevo me retractó:

—No, por supuesto, me dañaría, me cortaría.

—Pero supón —dijo— que la cuchilla estuviera cubierta de miel, y que debajo de la capa de miel hubiera una cuchilla escondida y la lamieras, tuvieras el placer de saborear su dulzura encantadora, sin saber que la cuchilla estaba allí, y sólo después te dieras cuenta de que, al lamer la miel, te habías cortado la lengua.

—Sentiría dolor y ningún placer. No puedo imaginar un dolor más agudo. Si al lamer la miel, tocara con el filo de la cuchilla y me cortara la lengua sólo sentiría dolor.

—Así que afirmas —dijo ahora con voz autoritaria, una voz que me hacia sentir en la Academia jugando al ajedrez con otro estudiante que estaba a punto de hacerme el jaque mate—, ¿estás diciendo, que lamer la miel no es placentero?

—La miel —respondí rápida, automáticamente— es un placer.

—Pero lamer la miel, cuando hay debajo una cuchilla que te rebana la lengua, ¿es un placer?

—No, ya hemos dicho que no es un placer.

—Por lo tanto, si un placer va siempre acompañado de un sufrimiento infinitamente mayor, se puede afirmar que no es un placer.

—Sí —dije triunfante.

—¡Sí! —respondió él triunfante, y me mostró el rostro del niño, alegre, hermoso, pero todo sufrimiento.

La Meditación

Las palabras del maestro Tsong Khapa y, por lo que creo ahora, la muerte de mi madre, me afectaron en gran medida. No es que me sintiera desalentado o cayera en la desesperación; externamente llevaba una vida normal, continuaba con mis estudios y escribía. Me ganaba la vida de manera modesta pero cómoda. Los paseos y la muerte, no obstante, se hicieron compañeros inseparables en mi mente; uno era razón para el otro.

Ciertamente, mi madre había llevado una vida buena y fructífera; había criado a sus hijos, contribuído en nuestro mundo, nos había proporcionado en todo momento lo que necesitábamos, incluso a los extraños que llevábamos a casa. Pero ¿qué sentido tenía todo aquello, si, a pesar de cómo vivió, tuvo que envejecer y morir de un modo tan horrible de cáncer? Y todo aquello por lo que había luchado: sus hijos, su hogar, su trabajo, se iba derruyendo como un castillo de naipes, cayendo en el olvido después de que ella misma hubiera sido olvidada. Era una prueba de la verdad de las palabras que había pronunciado Tsong Khapa en el Jardín, referidas a que incluso aquellas cosas que parecían hermosas y buenas no lo eran tanto, si la muerte y el dolor eran siempre el final de todo. Y en mi mente, Tsong Khapa existía gracias a Ella: él había venido al Jardín sabiendo mis necesidades y trayendo consigo alguna respuesta a mis preguntas.

La muerte y los paseos afectaron a mis pensamientos a lo largo de los meses, y hasta me vi obligado a buscar una pequeña ermita a poca distancia de nuestra ciudad, en el desierto. Allí encontré a un santo abad, amable y erudito, que con agrado me permitió entrar, me dio una pequeña habitación en la que permanecer, y me aseguró trabajo como asistente responsable de una rica colección de libros en la hacienda cercana de un noble. Dediqué mucho tiempo al estudio de los textos sagrados y a los pensamientos a que daban lugar los paseos y la muerte. Y llegué a sentir que existía algún sendero que aprender para dar respuesta a mis preguntas, y anhelé profundamente dicho sendero. Y así, de nuevo, me sentí atraído hacia el Jardín, donde entré justo después del anochecer, en una época del año en que el desierto entraba en su sutil primavera: el aire se sentía ligeramente dulce, el verdor era escaso pero la hierba maravillosa, y los arbustos de rosas crecían rodeados por las paredes de piedra de aquel estimado lugar. Una vez allí, de nuevo, la esperé.

Esta vez la espera no fue larga, pero los pasos que sentí aproximarse desde la oscuridad del portalón fueron tan decepcionantes como rápidos, pues aquellos andares eran totalmente diferentes a los de Ella. Era un andar más bien mesurado, alegre, pero sin brincos, casi del tipo ejecutivo y, sobre todo, pesado. Me di la vuelta y vi al Gran Meditador, Kamala Shila.

No era en absoluto como lo habría podido imaginar: no mostraba una presencia severa y austera, ni un rostro o un cuerpo que hubieran experimentado hora tras hora los rigores de la meditación profunda al borde de un rocoso precipicio himalayo, once siglos atrás. Aquí estaba la persona real, y de ningún modo era así. Era de estatura media y regordete, llevaba sus ropas sujetas demasiado arriba, llegándole casi a la altura de las rodillas y dándole una apariencia divertida, como la de un joven. Su rostro encajaba con el resto: mejillas redondas y felices, una buena nariz, piel oscura propia de la India, pequeños mechones de pelo blanco rasurado en la parte superior de la cabeza y, sobre todo, ojitos brillantes sonrientes, en un estado constante de risitas, al igual que él.

—¿Quieres conocer el Sendero? —preguntó.

—Sí, desde luego —respondí, ya que poder conocer el verdadero sufrimiento del mundo y anhelar el camino para escaparse es algo muy trascendente.

—¡Por qué no! —se rió él— ¡Por qué no!

—Quiero saber por qué murió mi madre —repliqué melancólicamente— y quiero saber si habría podido hacer algo para evitarlo, o si aún ahora hay algo que pueda hacer por ella, y si tiene que ser siempre de este modo.

—¡Sí!¡Sí! —contestó— ¡Puedo! ¿Por qué no? ¡Tienes que aprender a meditar! —y se desplomó sobre el colchón de hierba debajo del algarrobo, bendito por las tiernas noches que había pasado allí con Ella.

Se movió para dejarme sentar a su lado. Yo ya había hecho algo de meditación con amigos en la Academia, y había leído un poco al respecto, así que me senté erecto, cerré mis ojos e intenté no pensar en nada.

Se rió y me dio un golpe en la espalda:

—¿Qué estás haciendo? —preguntó divertido.

—¡Meditando! —dije.

—¿Correrías una carrera de velocidad sin un calentamiento previo? —preguntó alegremente.

—Por supuesto que no.

—¡Tienes que hacer el calentamiento! —se rió, incorporándose de nuevo.

—¿Qué es el calentamiento? —dije, levantándome de mal humor al pensar en estiramientos de piernas y otros ejercicios desagradables.

Por vez primera, Kamala Shila me miró con un poco de dureza:

—¡Todo el mundo quiere meditar! ¡Nadie sabe cómo hacerlo! ¡Tienes que hacer bien el calentamiento! —dijo.

—¿Qué es el calentamiento?

—En primer lugar, ¡limpia! —gritó, y empezó a correr por el pequeño lecho de hierba, bajando su pequeña panza para recoger hojas sueltas y ramitas hasta dejar la superficie de la hierba suave y limpia a la luz de la luna, preciosa para la vista, un lugar agradable para meditar—. Haz esto en tu habitación, ¿de acuerdo?

—De acuerdo —respondí, y empecé a sentarme.

—¡No olvides los regalos! —gritó con agudeza.

—¿Qué regalos? —dije.

—Va a venir gente importante —dijo riendo compulsivamente— necesitas algunos regalos bonitos para cuando lleguen aquí.

Miré dubitativamente al portalón del Jardín, aprensivo ante la idea de ver a una multitud de felices meditadores como él mismo:

—¿Quién va a venir? —pregunté.

—¡Nadie que tú puedas ver! —respondió. Se dirigió al banco de madera, y hurgando en la parte superior de su vestimenta sacó una bolsa conteniendo tacitas de arcilla, que empezó a colocar en fila. Llenó tres con un poco de agua de la fuente, y seguidamente arrancó una pequeña flor roja de un arbusto espinoso (después de lo que pareció una pequeña oración, como si estuviera pidiendo permiso al arbusto para hacerlo), y la colocó en la cuarta tacita.

De una salvia y un enebro junto a la fuente cogió un par de pimpollos que colocó en una quinta taza, reuniendo en la sexta algo de hierba seca. Del árbol de mandarinas pegado al portalón, cogió un fruto, le quitó la piel y puso un par de trozos en la séptima taza, y con agrado se comió el resto, hablando mientras se movía y masticaba, y colocó también un gajo en mi mano.

—Supón —dijo entre mordiscos— que alguien muy importante tuviera que presentarse en este Jardín esta noche durante nuestra meditación. Quizás incluso una gran Reina de pelo dorado y con una corona de oro… —me guiñó el ojo con astucia, como si supiera por qué mi corazón me obligaba a regresar a este lugar—. Querrías darle una bienvenida apropiada tal y como vosotros, la gente del desierto, hacéis con vuestros invitados.

—Pero ¿a quién estás esperando realmente? —pregunté.

—¡Debes invitar a los Iluminados! —dijo riendo—. ¿Cómo puedes meditar si no están contigo? ¿Cómo puedes meditar sin la presencia, aunque sólo sea en tu mente, de tu Maestro del Corazón?

Estas últimas palabras, Maestro del Corazón, me atravesaron profundamente, como una punzada en el pecho, porque lo único que podía imaginar, cuando pensaba en el "Maestro del Corazón", era a mi Dama dorada.

—Ahora —continuó, inclinándose sobre las tacitas— ponlas en orden, así. Una taza de agua representa el ofrecimiento en una copa de cristal de una bebida agradable y maravillosa para agasajar a un invitado.

—Después hay otra taza de agua —mientras tanto iba moviendo las tacitas de un lado a otro, como jugando con conchas—, un recipiente con agua caliente, procedente de fuentes termales, agradable para lavar los pies del invitado, cansado de su viaje.

—En tercer lugar, está la flor. ¡A todos les encantan las flores! —aspiró profundamente la fragancia de la flor—. A continuación, el incienso —y con una chispa de un pedernal, que sacó de los pliegues sin fondo de sus vestimentas, prendió las hojas fragantes en la siguiente taza.

—¿Siempre llevas estas cosas contigo? —inquirí secamente.

Se volvió lentamente, serio como un cadáver y me miró a la cara:

—¿Quieres el Sendero? Tienes que meditar. ¿Quieres meditar? ¡Tienes que hacer un calentamiento! Por supuesto, las llevo a todas partes y medito…¡en todas partes!

Encendió la hierba seca en la siguiente taza que contenía resplandecientes y aromáticas ascuas:

—Es bonito encender la luz cuando viene una visita. Ahora, mueve la siguiente taza de agua en la hilera; es un ungüento aromático con el que unges al invitado, usa tu imaginación y disfrútalo. Estoy seguro que en tu imaginación hay algún invitado al que te gustaría ofrecer este perfumado ungüento —y me miró de soslayo, de un modo extraño, recordándome a alguien.

—Ahora, el último de la hilera: pon aquí el trozo de fruta, que es adecuada para alimentar y honrar al invitado.

Me preguntaba si empezaríamos realmente la meditación en algún momento; él intuyó mi pensamiento, y con un matiz de desesperación dijo:

—Necesita su tiempo. Debes presentar bien estos regalos.

—¿Es que los usan realmente? —pregunté cortésmente.

—Por supuesto que no —dijo. ¿Crees que los Iluminados necesitan comida para comer o agua para beber?

—Bien, en este caso —respondí— ¿para qué exponemos estas cosas? Yo creía que íbamos a meditar.

—¿Quieres correr? ¡Tienes que hacer un calentamiento! No puedes meditar sin Ellos, no puedes meditar sin tu Maestro del Corazón aquí, contigo, ayudando, bendiciendo, concediendo fuerza. La preparación de los regalos prueba que deseas que vengan aquí: por favor…venid, quedaros conmigo un rato, mientras medito.

Después, de repente, Kamala Shila se puso a cantar dulcemente: era una oración; dirigía su rostro angélico hacia arriba, y aunque tenía los ojos cerrados era como si estuviera viendo a alguien allí, encima de nosotros, en el cielo repleto de estrellas, y era a quien estaba haciendo aquel ofrecimiento.

Al acabar, bajó su rostro y me miró feliz:

—Este es el último regalo, mi preferido: antes de sentarte a meditar dales siempre un poco de música.

—¿Así, por fin, nos podemos sentar a meditar?— pregunté con ternura, puesto que nadie podía negar la belleza y el sentimiento del lugar de meditación que Kamala Shila acababa de crear. Con toda seguridad, tanto el Jardín como mi propio corazón se habían calentado realmente y me sentía bien, listo para empezar la meditación.

—Sí, ¿por qué no? ¡Es el momento de sentarse! —exclamó. Me incliné para sentarme, pero sentí que su brazo tiraba de mí.

—¿Y ahora qué?

—Te has olvidado de hacer una reverencia —dijo, como si le sorprendiera mi ignorancia al respecto. Juntó sus manos sobre el pecho, una contra la otra, y se postró con gracia y respeto, como si algún ser especial estuviera frente a él. Luego, despacio, se sentó en la hierba.

Le imité y me instalé en la hierba, pero él se incorporó de nuevo como una pelota de goma. Yo estaba muy irritado, pensando en lo tarde que se estaba haciendo, y me senté de mal humor, con la mirada fija. El paseaba a mi alrededor como una abeja revoloteando en torno a una flor.

—¿Dónde está tu asiento? ¿No tienes asiento de meditación? ¡Has de tener la espalda más elevada que la parte frontal!

Agarró mi hombro y me empujo hacia delante mientras metía bajo mi trasero un pliegue de ropas (que había aparecido misteriosamente de debajo de su vestimenta).

Puso su mano en mi tobillo izquierdo:

—¡Ponlo sobre tu muslo derecho! ¡Siéntate recto! —me dio una palmada en la espalda estirada— ¡baja el hombro derecho para que se nivele con el izquierdo! Colócalos a la misma altura. Deja la cabeza fija ¿Es que no te han enseñado nada? —sentí deseos de estrangular al gran maestro humorista.

—No mires hacia abajo, no mires hacia arriba, tan sólo al frente, y deja de caerte hacia la izquierda —sus dos manos me estaban sujetando las sienes de la cabeza, como una prensa—. ¿Dónde tienes la lengua?

—En la boca, como es natural —contesté. El no parecía estar escuchando.

—Colócala suavemente detrás de los dientes, mantén la boca suelta, natural, como siempre —agregó—. No puedes meditar si estás babeando o tragando saliva toda la noche, ¿verdad ? ¡Deja de respirar por la boca! ¡Te quedarás seco!

Consiguió ponerme recto y tuve que admitir que me sentía bastante bien.

—¿No debería cruzar ambas piernas sobre mis muslos como en las imágenes? —pregunté.

—¿Un loto completo? Si puedes está bien, pero para ti no es posible hasta que practiques más. Lo principal es sentirse totalmente cómodo, para concentrar la mente, sin preocuparte de lo que te duelan las rodillas. Si lo deseas, incluso puedes sentarte en el banco —explicó con celeridad, colocándose a mi lado en loto completo.

Cerré los ojos y entré en un estado de paz, en el tranquilo Jardín, el Jardín de mi Dama Dorada; y de nuevo, le tenía ante mi rostro.

—¿Qué, te vas a dormir? —preguntó.

Abrí los ojos y los fijé justo en un dibujo esculpido frente a mí en la pared.

—La gente de aquí, ¿meditáis con la mente o con los ojos? —preguntó de nuevo.

Le miré enojado:

—Bien, si no puedo cerrar los ojos ni tampoco abrirlos, ¿qué quieres que haga?

—Mírame —dijo sentándose con la cabeza firme y erguida, pero con los ojos entreabiertos, mirando ligeramente hacia abajo, sin enfocarlos en nada en particular, como si estuviera en una especie de profundo ensueño, y me percaté de que aquél era el quid de la cuestión—. Si te distraes mucho los puedes cerrar, pero piensa que tu mente está muy habituada a dormirse cuando los cierras, y quizá te resulte difícil. No obstante, asegúrate de no abrirlos demasiado o empezarás a mirar a todos lados, y procura también que el fondo frente a ti sea liso, como una tela o una pared de un solo color, y sin nada que se mueva y atrape tu ojo o distraiga tu mente.

Así lo hice, y sentí que mi mente entraba en un estado de enfoque claro. Me preparé para vaciar mi mente…

Pero él estaba de nuevo de pie, corriendo de un lado a otro, y yo ya desesperaba de poder meditar con éste, el mayor maestro de meditación.

—¿Ahora qué?

—¿Oyes algo? —preguntó con ansiedad.

Bajé los ojos y me concentré. Lo único que podía oir era el tintineo familiar de la fuente.

—Sólo la fuente allí, en la pared —respondí.

—¡Tengo que irme! —exclamó, corriendo hacia el banco y disponiéndose a recoger las tacitas.

—¡Qué! —salté— ¿todo este trabajo para que ahora te marches? ¿No puedes quedarte un par de minutos y dejarme meditar a tu lado?

—Imposible —anunció—. Ruido, ruido. No es bueno para la meditación. Debería haberlo notado antes. Es imposible meditar si hay ruido a tu alrededor —dijo señalando la agresiva fuente.

—No es tan fuerte —dije—. Vamos, inténtalo.

Kamala Shila me miró seriamente:

—Me pediste que te mostrara el Sendero. Te dije que no hay Sendero sin meditación. Tienes que elegir: tu bonita fuente o tu meditación. Tu vida tal como es y como fue la de tu madre, o la Libertad. La Libertad o la fuente. A partir de ahora en tu vida siempre habrá tales dilemas. Me voy.

Miré a mi alrededor con desesperación y mis ojos vieron los ladrillos colocados en círculo alrededor del tronco del algarrobo. Cogí uno y lo coloqué en la boca de la fuente, y el agua se detuvo.

—Por favor, ¿podemos meditar juntos ahora? —pregunté suavemente.

—¿Por qué no? —se rió él compulsivamente, y nos sentamos en la hierba, tranquilos y listos para estar en paz.

El alegre hombrecillo se transformó ante mis ojos. La mano izquierda bajó hasta su regazo, luego colocó la derecha encima, también con la palma hacia arriba; los dos pulgares se tocaban ligeramente, un poco separados de las palmas. Su rostro animado cambió en un instante a un semblante sereno, totalmente relajado y tranquilo, una tranquilidad tan poderosa que parecía succionar todo el Jardín, era un reino de silencio total. Yo había ansiado aquella tranquilidad, una tranquilidad que nunca en mi vida me había permitido, y me quedé sentado a su lado, expectante.

Afortunadamente, por vez primera, Kamala Shila permaneció tranquilo, al menos durante unos momentos.

Luego me susurró:

—¿Hemos hablado ya del calentamiento?

—Sí, sí —susurré con urgencia, esperando que se quedara quieto—, recuerda, ya lo hicimos.

—Aquel calentamiento no —volvió a susurrarme—. El otro calentamiento.

—¿De qué estás hablando? —dije con aprensión, temiendo que volviera a incorporarse de un brinco. Pero se quedó sereno y con sus palabras me dirigió.

—Si deseas acompañarme hacia la auténtica meditación, debes preparar tus pensamientos. En caso contrario te quedarás rezagado.

—Enséñame, por favor.

—En primer lugar, observa tu respiración, siente tu aliento entrar y salir. Trata de contar diez respiraciones sin apartar tu mente de ellas. Empieza con una exhalación seguida de una inspiración: esto sería una respiración. Procura contar diez. Al principio, si eres honesto, no podrás llegar a diez antes de que tu mente se aparte y vagabundee hacia otro lado.

Lo probé y vi que tenía razón. Nunca pasé de cuatro antes de que mis pensamientos volaran hacia el Jardín mismo y hacia Ella.

—Es suficiente —susurró tras unos minutos—. El objetivo de observar la respiración es dejar tu mente en un estado neutro, apartarla lentamente de los remolinos de tus pensamientos mundanos para empezar a enfocarla hacia el interior. Observar la respiración no es en sí mismo lo que nos liberará.

»Ahora piensa un momento por qué estás aquí: buscas el Sendero, sé que buscas una explicación a la muerte, la muerte de una mujer buena, y a la fuente de sabiduría que has encontrado en otra. Decide que no buscarás la respuesta a estas preguntas en otro lugar; de hecho, en otro lugar ni tan siquiera se formulan. Los niños preguntan por qué la gente buena ha de sufrir y morir, y los adultos les enseñan a sus hijos a no hacer más preguntas, y estos niños se transforman en los adultos que les dirán a sus hijos: "estas preguntas no tienen respuesta". Decide por qué vas a meditar conmigo. Decide, aquí y ahora, que lo harás por un objetivo real, por un objetivo verdadero, y que buscas estas respuestas en el Sendero. No malgastes tu vida, ni tan siquiera los pocos momentos que pasaremos aquí juntos, en otro objetivo menor.

Reflexioné en sus palabras y sentí su veracidad, sentí la alegría de estar en lo justo al meditar por esta razón.

—Seguidamente, antes de empezar a meditar, pide a los Iluminados que vengan; que venga también tu Maestro del Corazón, tráeles aquí para que nos guíen y ayuden. No puedes verlos ahora, pero lo harás; si existen realmente, si son quienes se supone que son, oirán tu mente y Ellos vendrán. Pídeles ahora de modo sincero, con profunda reverencia que vengan y vendrán.

Así lo hice, y creí sentir Su presencia cerca de mí. Mi corazón saltó con alegría y devoción.

—Antes de sentarnos nos hemos postrado ante ellos; ahora póstrate de nuevo mentalmente, ya que debo decirte que el día en que los veas realmente, de modo natural te lanzarás a sus pies feliz y lleno de reverencia.

De nuevo, actué como me sugirió y me sentí feliz y contento.

—Bien, bien, continúa tal y como te digo. La gente sincera del mundo desea meditar, pero se dan cuenta de que son incapaces de alcanzar las cimas y profundidades de la meditación, pues no saben entrar por la puerta de la misma que te enseño ahora. Imagina, a continuación, el cielo entero.

Así lo hice, imaginé mentalmente el ancho cielo azul de mi hogar en el desierto.

—Llénalo totalmente de rosas de dulce color carmesí y de color marfil para ofrecer a tu maestro del Corazón y a los Iluminados, y pídeles dulcemente su ayuda.

Lo hice, y de nuevo me sentí feliz y contento, incluso antes de meditar, y mi mente se sintió un poco más cerca de la meditación profunda.

—Aún nos quedan un par de etapas. Limpia tu consciencia, puesto que nadie puede meditar a menos que la tenga clara. Esta es también la razón por la que muchos encuentran difícil meditar, y por la que nunca acceden a los milagros de las interioridades de la meditación. Tu corazón debe estar limpio, tu vida debe ser limpia. Piensa seguidamente en cualquier cosa que hayas hecho, cualquier cosa que hayas dicho, o incluso cualquier cosa que hayas pensado y que haya perjudicado a otro; admítelo, sé totalmente honesto contigo mismo; lo hiciste, asume que no era una virtud y que intentarás no repetirlo. Limpiar tu consciencia y tu corazón abre las puertas de la meditación a tu mente, algo que nunca antes creíste posible.

Me senté plácidamente y reflexioné; no encontré grandes maldades, pero sí muchos pequeños perjuicios diarios hacia otros, y los limpié de corazón.

—Bien, bien. ¡Esto es realmente divertido! —susurró con alegría—. Unas cuantas etapas más. Haz a continuación lo opuesto, piensa en todas las cosas buenas que haces, todas las cosas buenas que has dicho a otros, todos los pensamientos buenos y puros que has tenido y tienes, ah, y de paso recuerda la bondad de cualquier otra persona, desde tu Maestro del Corazón hacia abajo, y simplemente...alégrate, sé feliz y regocíjate por ello, de todo lo que es bueno.

Lo hice, y al limpiar mi consciencia sentí un equilibrio correcto y apropiado. Sentí en mi mente un estallido de buena energía y sed por la meditación, como si fuera un caballo dispuesto, listo para correr.

—Ahora, pídeles guía a tu Maestro del Corazón y a los Iluminados. Y que sigan apareciendo ante ti, de todas las maneras en que los Iluminados pueden aparecer (y tú ni siquiera eres capaz de imaginar las maneras y los lugares en que pueden aparecer ante ti). Pídeles que vengan como tus maestros, tanto como los maestros que lo parecen, como en la forma del mundo y la gente a tu alrededor, siempre enseñando y guiándote por el Sendero.

Con un profundo sentido de reverencia, que me llevó ya a la meditación, seguí.

—Y, finalmente, pídeles, con sinceridad, que siempre estén cerca de ti, de un modo visible o invisible, protegiéndote y acercándote más a Ellos.

Así lo hice, y por la bondad de dichos pensamientos caí en un profundo estado de meditación, de calma total, que, por supuesto, el gran Kamala Shila parecía no poder tolerar.

—¿No es bonita esta paz? —susurró.

—Oh...sí... —apenas podía articular palabra.

—¿Y en qué estás meditando? —volvió a susurrar.

—He vaciado mi mente, estoy intentando no pensar, y los pensamientos que tengo, simplemente los observo mientras pasan.

De algún modo, en un instante, su pequeño y pesado cuerpo se trasladó por el espacio entre nosotros dos y de nuevo estaba allí, frente a mi rostro, esta vez muy enfadado:

—¡Tontos! ¡Los tontos aún están vivos! Los tontos con los que creí haber acabado en los grandes debates, ¡hace más de mil años! ¡Me voy! Se dirigió hacia el banco y sus pequeñas tacitas santas.

—¡Espera! —volví a la carga—. ¿Qué he hecho mal? Dime, ¿qué he hecho mal?

Se sentó delante de mí, con las piernas cruzadas en la hierba, respirando con pesadez, intensamente, acercando su rostro al mío. Luego, suavizó su mirada y preguntó con cortesía:

—¿Quieres ayudar a tu madre?

—Por supuesto —dije—, ya sabes cuál es mi búsqueda.

—Entonces piensa, ¿qué beneficio aporta sentarse para vaciar la mente durante una hora? ¿No hacen lo mismo animales como el conejo? ¿No hacen lo mismo los borrachos que se desmayan después de vaciar sus jarras de licor? ¿No se vacían y tranquilizan sus mentes un rato? Ven, piensa y dime, ¿por qué crees que meditamos?

—Porque buscamos la verdad, y la verdad está en el silencio de la meditación.

—Esto sólo es cierto en parte. La meditación no es más que un instrumento, no es un objetivo en sí. Es como un hacha, un hacha afilada con la que cortamos un tronco. Cortar el árbol es la sabiduría: la sabiduría última, y esto es el corazón del Sendero. Meditar por el simple beneficio de meditar es como quemar un hacha como leña para el fuego, en vez de usarla para cortar madera. ¿Cuál es el objetivo del Sendero?

—Supongo que encontrar alguna respuesta a la pregunta: ¿por qué mi madre murió de un modo tan doloroso, por qué tuvo que morir, por qué todos, buenos o malos, debemos morir, sufrir y morir; ¿por qué la vida, todo el trabajo de una vida y sus frutos se convierten en destrucción y dolor? Para mí, este es el objetivo del Sendero.

—Bien, es justo lo que debe ser. Por tanto, si pudieras sentarte durante horas, días o meses y lograr vaciar tu mente, ¿encontrarías así las respuestas, te liberarías de la enfermedad y de tener que perder las cosas y la gente que amas; te liberarías de envejecer; ¿se detendría el desgaste día tras día de la energía de tu cuerpo y mente, en una palabra, te salvarías de morir?

—Supongo que, incluso si pudiera sentarme y vaciar mi mente, y quedarme tranquilo, en paz y quietud por largos periodos de tiempo, y me sentara en el frío y la lluvia y en el calor del sol; supongo que tienes razón, igualmente llegaría un día en que enfermaría, envejecería, llegaría a ser incapaz de sentarme aquí, y moriría.

—Entonces, por favor —me susurró con urgencia— por favor…sígueme y aprende la verdadera meditación y a usarla para nuestros objetivos verdaderos—. Se volvió a instalar cerca de mí y, esta vez, se sentó con una determinación que, presentí, indicaba que no se volvería a levantar.

—Hay tres tipos de meditación —empezó, sin moverse de su postura meditativa—. Para la primera, te pido que coloques en tu mente una imagen de tu Maestro del Corazón.

Lo hice con facilidad y esperé, ya que verla a Ella, aunque fuese a través del ojo de mi mente, siempre me traía consuelo y descanso.

—El primer enemigo de la meditación —susurró de nuevo—, es un tipo de pereza: sencillamente no gustarte meditar. Y por esto es bueno, tal y como hemos hecho, recordar la urgente y sagrada necesidad de la meditación. Es bueno también —rió convulsivamente— elegir un objeto de meditación importante y con el que disfrutemos. No creo que vayas a tener pereza esta noche.

»Ahora, de vez en cuando, voy a chasquear mis dedos —continuó— y quiero que observes con cuidado tu mente en el instante en que lo haga y me digas dónde está. De esta manera te podré mostrar los otros enemigos de la meditación y cómo batallar contra ellos.

Regresé a mi dulce imagen en la mente, y ella me trajo pensamientos sobre el Jardín que, a su vez, produjeron pensamientos acerca de la hora; era tarde y me pregunté si por la mañana estaría en condiciones de trabajar en la biblioteca... chasquido.

—¿Dónde estaba tu mente? —preguntó Kamala Shila.

—Perdí la imagen, empecé a pensar en mi trabajo —dije mansamente.

—Este es el segundo enemigo —dijo—, perder la imagen. Te enganchas a la imagen al familiarizarte con ella, manteniéndola en la mente a menudo y sobre la base de una meditación constante, durante breves pero intensas sesiones a lo largo del día, en que siempre recuerdas el objeto, que está cerca de la mente. Ahora, regresa a la imagen.

Lo hice y, en cierto modo, pude sostener mejor Su maravillosa forma. Mi cuerpo estaba en quietud y el Jardín también. Me sentí bien en la meditación, más cómodo y confiado. Mi respiración era lenta, mi cuerpo estaba relajado, y Ella estaba siempre allí, una borrosa luz dorada...chasquido.

—¿Cómo es la imagen? —susurró.

—Buena, buena —contesté—. Estoy tranquilo y mi cuerpo cómodo.

—No, no —dijo él con dureza— la imagen.

—Oh —respondí— estaba bien, constante, un poco borrosa...

—Típico —señaló con brusquedad—. Tu meditación ha caído en el espesor, un gran enemigo porque es casi invisible. En su forma extrema es más obvio: te sientes adormecido y empiezas a dar cabezadas. En su forma sutil es un verdadero veneno: te engaña haciéndote creer que tu meditación va bien, cuando en realidad estás en una especie de letargo; muchos meditadores han desperdiciado una buena parte de sus vidas de este modo.

—Así, ¿qué debo hacer —pregunté.

—Reserva un pequeño rincón de tu mente, lo llamamos vigilancia. Déjalo fuera. Enséñale qué aspecto tiene este enemigo; hazle saber los signos que avisan de su llegada y, sobre todo, instrúyele para que haga sonar la alarma que te alerte cuando ese espesor o hundimiento mental venga a drogar tu meditación. Ahora, regresa a Ella.

Quedé un poco sorprendido al darme cuenta de que él conocía mi tema de meditación, pero me instalé de nuevo. Mantuve Su imagen en mi mente y empecé a reflexionar en Su belleza y las muchas lecciones espirituales que Ella me había enseñado aquí, en este lugar. Recordé de modo especial la noche en que Ella, candorosa, había caminado hacia el agua que se alejaba de la fuente y se había sumergido en ella sin vacilar, vestida sólo con Su pelo dorado; no parecía ordinaria ni sucia, sino que denotaba una ausencia total de deseo y malicia; sencillamente en unión con...chasquido.

—¿Dónde estaba tu mente? —inquirió Kamala Shila.

—Sumida en buenos pensamientos, pensamientos santos —intenté responder.

—Quizás sean buenos pensamientos, pero si alteran tu meditación, son malos. Te apartaste de la imagen y te fuiste a otro pensamiento y otro lugar y tiempo, hacia algo en lo que te gusta pensar, ¿correcto?

Admití que, efectivamente, era así.

—Este es el enemigo denominado, agitación mental; es muy poderoso y es el que aparece más a menudo. No es necesario que te diga más. Usa tu vigilancia, detecta su llegada. Y ahora quiero advertirte sobre su compañero y el del espesor. Es la pasividad: el fracaso cuando no levantas tu espada al notar que cualquiera de estos dos enemigos ha cruzado el umbral de tu meditación.

»Contra el espesor, inspírate para regresar y engancharte a la imagen con claridad, trabajando primero en el esbozo de la imagen y luego en los detalles del rostro, la mano… Si el espesor persiste, coloca tu mente en un cielo azul profundo, un cielo azul y brillante, deja que tu mente se transforme en este cielo, bañado de sol; te refrescará, y después regresa. En caso extremo, levántate y mójate la cara con agua fría o túmbate, y si es necesario descansa.

»Contra la agitación, reúne tus pensamientos gentil y suavemente en tu corazón. Busca un silencio más profundo, permanece tranquilo en cuerpo y mente. Ralentiza tu respiración, cuenta de nuevo tu respiración si es necesario y regresa. La meditación es como el vuelo de un gran pájaro en el cielo; mientras está suspendido en el aire a distancia, a nosotros que estamos en el suelo nos parece que se desliza sin esfuerzo. Pero, de hecho, está corrigiendo su vuelo constantemente, ladeándose de una manera cuando cambia el aire y volviéndose a ladear según la dirección del viento.

»La meditación es similar, debes observar continuamente y ajustar, manteniendo la mente entonada como la cuerda de un laúd: ni demasiado tensa ni demasiado floja. Luego, tras mucha práctica, por fin llegará el momento en que la meditación fluirá suavemente. Será entonces cuando deberás observar al último enemigo: ajustar cuando ajustar no es necesario. Ahora prosigue según te he dicho y vuelve a observar la imagen.

Lo hice, y evoqué Su imagen de nuevo, la imagen verdadera. La sostuve de modo claro y silencioso, aunque por pocos minutos, hasta que le oí decir a Kamala Shila:

—Está bien. Ahora, el segundo tipo de meditación, que denominamos solucionar problemas. Te daré un problema, enfocas tu mente unipuntualizadamente en él, y tratas de solucionarlo. Es un tipo diferente de meditación que más tarde te será muy útil.

—Haré lo que digas.

—Enfócate seguidamente en algún pequeño suceso de tu historia, quizás un accidente que haya cambiado tu vida, para mejor.

Lo intenté, e inmediatamente pensé en la cazuela, la cazuela que había sido olvidada en la casa de mi madre aquel día festivo de Acción de Gracias, la cazuela que me había llevado hasta Su puerta.

—Considera si realmente fue un accidente o no; si sabemos que fue un accidente, si podemos estar seguros de que lo fuera; si podía haber sido preparado por alguien; y en este caso, por qué alguien lo tendría que haber preparado; cuáles serían los posibles motivos, comunes o sagrados. Piensa, considera, analiza y, si puedes, concluye.

Pensé profundamente. Si consideraba su efecto posterior en mi vida, el accidente de la cazuela fue, en verdad, muy importante para mí. Siempre asumí que había sido un accidente. De no haberlo sido, parecería probable que alguien, simplemente, hubiera querido que conociera a la chica, y menos probable que alguien pudiera haber sabido que este encuentro se convertiría en la puerta de entrada al sendero del espíritu; si los Iluminados existieran, y si verdaderamente vieran el futuro, tan claramente como ahora vemos el presente, entonces supongo…

Kamala Shila me interrumpió:

—Es tarde, deberías considerar este tema tú mismo. Aprende ahora el tercer tipo de meditación. Quiero que revises, una tras otra, las etapas que te he enseñado esta noche, desde el momento en que empecé a limpiar el suelo de hierbas. Repasa mentalmente todo el calentamiento, preparar el lugar y tu propio corazón para la meditación, y después revisa los tipos de meditación, así como los enemigos de los que te advertí y el modo de derrotarlos.

»Piensa por último en la manera apropiada de finalizar la meditación: imagina una piedra que se lanza al centro de un estanque, y observa las ondas que se prodigan lentamente. La noche que hemos pasado aquí juntos y cada una de tus meditaciones son lo mismo. Son un acontecimiento, un acontecimiento sagrado que tiene repercusiones inimaginables; intenta ser consciente de estas ondas, piensa en ellas y reza para que rápidamente se transformen en olas que llevan ayuda y felicidad a cada ser consciente a tu alrededor.

Tal y como me instruyó, empecé la revisión. Se sentó en silencio a mi lado, absorto profundamente en alguna meditación suya. Y después vino a mi mente la última pregunta:

—Pero ¿en qué debería meditar, maestro Kamala Shila? ¿Qué imagen, dilema o revisión puede responder a las cuestiones de las que hemos hablado?

—Empieza donde siempre debemos empezar —respondió—, imagina a tu Maestro del Corazón ante ti, y deja que su imagen se vuelva perfecta hasta que llegue a ser real. Pídele a Ella Su ayuda, ten fe y quizá —dijo guiñando el ojo— ella vendrá a guiarte.

Vida tras la muerte

De esta manera aprendí a meditar y empecé a consagrar un tiempo regular, mañana y tarde, a la práctica. La capacidad de mi mente para poderse enfocar fue en aumento hasta que conseguí poder sentarme en silencio durante largos periodos de tiempo. Puesto que seguía regresando a mi meditación a horas regulares, empezó a crecer una continuidad entre las sesiones, y el principio de una sesión parecía la continuación del final de la última. Durante las horas entre sesiones, mientras llevaba a cabo mis actividades cotidianas, sentía un enfoque más profundo, una especie de atención más sensible y una profunda penetración y capacidad para encontrar la solución, incluso a los problemas cotidianos.

El foco de mis esfuerzos era siempre el gran problema: ¿por qué mi madre, esa buena mujer, tuvo que sufrir y morir; qué fuerza era la que llegaba a todo lo que es bueno y puro en el mundo, cada alegría, cada relación, cada logro, y que con el tiempo, de manera inevitable, la despedazaba, la convertía en dolor, la barría de la existencia? Sentía que si lograba encontrar esa fuerza, ya que por descontado debía haber una causa detrás del envejecimiento y la muerte de todas las cosas, quizás podría cambiar dicha causa y sus aparentemente inevitables efectos.

Desde un plano más personal y egoísta, incluso con el paso del tiempo, todavía añoraba a mi madre y a menudo pensaba en ella; me preguntaba si, de un modo u otro, aún existía, si estaba perdida o necesitaba ayuda, si era posible proporcionarle dicha ayuda y si habría algún modo de saberlo. De nuevo, me vi arrastrado al Jardín, donde me parecía que, con el tiempo y mi crecimiento interior, podría llegar a encontrar la respuesta a cada pregunta.

Como era habitual, llegué a ese lugar bendito de noche oscura, cuando el desierto estaba tranquilo, a excepción de una brisa suave y fragante: el perfume de la adelfa en el jardín, plantada por el hombre, así como el olor más fino pero penetrante del mesquite, que no lo planta el hombre, flotando hacia el jardín desde el exterior, desde el desierto.

Me paré en el portalón, donde en tiempos pasados solía colocarme para observarla, esperándola. Pero ahora se me había ocurrido intentar otra manera de encontrarla, de arrastrarla al jardín desde mi interior. Entré, caminé hasta el gran algarrobo cuyas ramas habían sido el único abrigo entre nosotros y las estrellas, y de nuevo me senté en el sencillo banco de madera.

Me agaché, puse mi cabeza entre las manos y sencillamente La escuché. Llegué a la quietud que Kamala Shila me había enseñado y simplemente escuché, en el fluir de mi propia sangre y el sonido de mi respiración, en el gran tambor que sonaba con los latidos de mi corazón, como si por el acto de escuchar Ella tuviera que verse obligada a volver aquí.

Mi mente estaba vacía, silenciosa y enfocada en una sola cosa, su forma de caminar y el sonido de sus pisadas —Ella no camina con una cadencia regular, sino dando brincos como si estuviera siempre bailando— esto es lo que buscaba escuchar, y tan sólo deseaba ese sonido, con los ojos cerrados. Tras una larga espera… nada.

Finalmente, el silencio en mi mente se rompió con un crujido: lentas y majestuosas pisadas que reflejaban la voluntad de quien entraba por el portalón, detrás de mí en la oscuridad. Me giré, y bajo la luz de la luna vi al maestro Dharma Kirti.

Lo primero que vi fue su rostro amable, de tristes y pensativos ojos castaños y una sonrisa gentil, casi afligida.

La segunda impresión fue de majestuosidad, el andar a pasos largos de un hombre noble, con la espalda y el cuello erectos como los de un soldado, exhibiendo decisión en cada movimiento. El mensaje final era de fortaleza; la severidad de la nariz recta de un romano, la dureza de su barbilla, y, sobre todo, las ascuas de su inteligencia, honestidad e intrepidez brillando en el fondo de sus ojos. Durante un minuto o más, permaneció de pie en silencio, con los ojos fijos en los míos, hasta que habló:

—Ven, camina conmigo por el Jardín.

Me levanté y nos dirigimos hacia la izquierda, pasando ante la pequeña capilla de piedra, en dirección a las filas de palmeras del sur.

—¿Querías hablar de algo? —preguntó, mientras caminábamos entre sombras.

Como sucedía a menudo, mi corazón estaba en la muerte, la muerte de mi madre, preguntándome si aún se hallaba en alguna parte. Y junto con esta preocupación, en realidad tenía dos más. También pensaba en mi propia muerte, era incapaz de imaginarla y me preguntaba si realmente me ocurriría o qué sucedería después. Y, sobre todo, si Ella estaría conmigo al morir y volveríamos a estar juntos después.

—¿Es cierto que seguimos viviendo después de morir y que hemos vivido antes de venir a esta vida?

—Déjame hacerte unas preguntas y quizás las respuestas vengan solas —contestó, en un tono de voz tan suave como interesado por mis propias preocupaciones, como si las conociera perfectamente. No obstante, un timbre extraño me hacía entender la dureza férrea de la lógica detrás de sus palabras, las mandíbulas de hierro de la razón fría e ineludible con la que, durante su vida en la India, hacía trece siglos, había desafiado y vencido el modo de pensar obtuso de los demás.

—Adelante, por favor.

—¿De qué está hecho el cuerpo?

—De piel, sangre, fluidos, huesos duros, órganos más blandos, pelo en algunos lugares.

—¿Son estas cosas físicas?

—Sí, por supuesto, las podemos tocar y sentir, presionar entre sí, tienen peso, pueden romperse o separarse, incluso las podemos escindir y operar si la necesidad es imperiosa.

—¿Y de qué está hecha la mente?

—No sé si nosotros, en esta época diríamos hecha de; está a veces llena con más o menos pensamientos, deseos y esperanzas que escucho a medida que pasan a través de ese lugar, mi mente.

—¿Y son esos pensamientos iguales a las partes de tu cuerpo? ¿Puedes verlos, tocarlos o desmenuzarlos en trozos?

—¿Quieres decir, si tienen color, o si pueden ser duros o suaves al tacto, cálidos o fríos, o acariciar mi mano como el agua del mar? No, no son así, son más bien claros e invisibles como el cristal, como el aire, sin peso, pero moviéndose en una corriente continua a lo largo de mi vida.

—Pero ¿tiene tu mente un lugar propio, en el que permanecer, del modo en que lo tienen tus brazos, piernas y cabeza?

—Bien, se dice que está en la cabeza, debajo del hueso, en lo que llamamos cerebro —mi voz se perdió, porque había notado su reacción; su cuerpo se había movido ligeramente, su rostro se había vuelto hacia mí y sus ojos, fijos en mí, empezaban a arder, como los de un animal salvaje adormecido, que despertaba peligrosamente.

—¿La mente está en el cerebro? —preguntó muy serio.

—Sí, creo que sí.

—Y ¿no está en tu mano? —dijo, agarrando mi mano con las suyas de repente, con lo que sentí el poder de sus brazos.

—Bien, quizás...—yo perdía confianza.

—¿Así que no sientes mis dedos? —pero los sentía, y me incomodaban más y más.

—Por supuesto que sí.

—¿Así que eres consciente a través de tu mano? Por lo tanto, ¿tu capacidad de ser consciente se extiende hasta tu mano?

—Sí —dije, empezando a sentirme más seguro.

—Por lo tanto, ¿tu mente se extiende hasta tu mano?

—Sí, sí, mi mente, mi consciencia recorre todo el cuerpo, hasta los extremos de mi piel, por todas partes.

—Por lo tanto, ¿podemos afirmar que se localiza en todas partes bajo los límites de tu piel?

—Sí, sí, podemos afirmarlo.

—¿Y no más allá? —de nuevo, sus ojos de acero centelleante, fijos en los míos.

—No, no más, no puedo sentir más allá de donde acaban mis dedos, no soy consciente más allá de los confines de mi cuerpo físico.

—Así que ¿no puedes pensar en…aquella suave hierba, detrás, cerca del algarrobo, justo frente a la fuente —preguntó un poco malicioso, como si supiera que yo pensaba a menudo en aquel tierno lecho.

—Por supuesto que puedo.

—Entonces, ¿podemos afirmar que tu mente se extiende hasta allí también, afuera, más allá de donde acaban tus dedos, por todo el Jardín?

—Sí, sí, lo podemos afirmar.

—¿Por lo tanto, en realidad la mente es inefable, de amplio alcance, y puede llegar muy lejos, más allá de los límites del cuerpo físico?

—Sí.

—Y también es del todo diferente al cuerpo, puede volar a lugares distantes, puede pensar en lugares mucho más lejanos incluso que las estrellas que ahora nos miran.

—Sí.

—Y no es en absoluto como el cuerpo. Este pájaro de cristal que es la mente no está confinado a esta carne y huesos duros;

no puede tocarse, no puede presionarse, no puede pesarse, ni puede ser vista, seccionada o mesurada. ¿Tengo razón?

—Sí, por supuesto.

—Así, ¿cómo puedes decir que es el cerebro, que está restringida al cerebro o que está en el cerebro, cuando puede volar a voluntad a cualquier lugar?

Me empecé a sentir incómodo, especialmente porque ahora mi mano estaba completamente aprisionada entre las suyas y él la estrechaba fuertemente contra su pecho, a medida que aumentaba la intensidad de sus razonamientos.

—No he dicho que la mente sea el cerebro, sólo que está en el cerebro.

—Por lo tanto, la mente y el cerebro están relacionados, la mente está alrededor del cerebro y de hecho, alrededor del resto de tu cuerpo también.

—Sí, es cierto.

—¿Estás de acuerdo en que, si decimos que dos cosas están relacionadas, significa que son cosas diferentes?

—Desde luego, si dos cosas están relacionadas, necesariamente han de ser dos cosas diferentes, todo monje estudiante lo sabe.

—Por lo tanto, ¿estaríamos de acuerdo en que la mente y el cuerpo, aunque relacionados, son dos cosas completamente diferentes, y cada una tiene una sustancia distinta?

—Sí.

—Déjame preguntarte otra cosa —dijo, y su posición cambió: aún me tenía cogida la mano, pero avanzó ligeramente el pie izquierdo en mi dirección; yo sabía que se le ocurrirían poderosos argumentos en un instante, ya que esa era la postura de los antiguos debatidores de la India: de pie y avanzando con estrépito hacia sus oponentes, ladeando el cuerpo, como un boxeador, como tratando de esquivar los puñetazos que le podrían devolver.

—¿Es el cuerpo algo que cambia?

—Por supuesto, la gente envejece, el cuerpo envejece, más arrugas, menos fuerza, pelo gris.

—¿Y por qué cambia el cuerpo?

—Hay muchas razones, pero la principal, desde luego, cualquier monje novicio lo ha aprendido hace tiempo, es que su causa cambia. A medida que las causas cambian, el resultado cambia. A medida que la energía que produjo el cuerpo se desgasta, el cuerpo mismo se desgasta, debe desgastarse.

—Por lo tanto, el hecho de que una cosa cambie, ¿prueba que tenía una causa?

—Sí.

—¿Y qué es lo que causa el cuerpo?

—Tiene muchas causas, pero supongo que la principal son los padres, es decir, la sangre y el óvulo de la madre y el esperma del padre. Cuando estas dos causas se unen y todos los otros factores contribuyentes o secundarios están presentes, el cuerpo empieza a crecer, célula a célula.

—Sí, correcto, las partes físicas de tu madre y padre se unieron y tu cuerpo empezó a crecer. Esto es lo que denominamos la causa "principal", es decir, la sustancia que se transformó en los primeros momentos de tu cuerpo, al igual que la arcilla es la causa principal o sustancial de un plato de cerámica. Y como en un plato, también deben estar presentes otros factores, como las manos del alfarero, su habilidad, el horno para cocer la arcilla y el tiempo para que se haga. Deberías entender la "causa principal". ¿Cuál es la causa principal de un árbol?

—Supongo que la semilla del árbol.

—Correcto. ¿Y los factores secundarios?

—El suelo, la luz del sol, el agua y los cuidados.

—Correcto. Así, ¿qué diferencia la causa principal de los otros factores?

—Supongo que, tal como dijiste, ésta es la sustancia que se convierte en el resultado; la esencia que, cuando llega el momento apropiado, se transforma en el resultado; la semilla es la sustancia que en el momento apropiado se transforma en el brote del árbol y la arcilla es la sustancia que se transforma en el plato.

—Y esta sustancia, el material de la causa, ¿tiene que ser similar al material o sustancia del resultado?

—Sí, supongo que sí. De hecho, deberían tener mucho en común, ser similares entre sí.

—Así, ahora hemos llegado al punto principal —dijo el Maestro Dharma Kirti. Y en verdad me había estado llevando hasta la parte más oscura del jardín, a la sombra de las palmeras y la elevada puerta sur, apartada de la luz de la luna, a un lugar donde Ella y yo nunca nos habíamos aventurado:

—Cierra los ojos —dijo.

Los cerré con una leve sonrisa, pensando que en este oscuro rincón del jardín apenas importaba si estaban abiertos o cerrados. Abrió mi mano, aún en la suya, y la apoyó plana presionando contra su pecho, cerró sus chispeantes ojos y lo sentí entrar en meditación. Sentí como si estuviera abriendo un canal o un túnel que iba desde su corazón a mi mente, de su pecho a mi mano, y habló de nuevo.

—Imagina tu mente, a lo largo de la vida como un río claro y cristalino hecho de una sustancia invisible que fluye a lo largo de los días que has estado en este mundo.

Quedamos en silencio unos minutos, y empecé a ver la imagen, una corriente constante y conexa de pensamientos, que se remontaban hasta mis recuerdos más antiguos.

—Piensa en tu mente de esta tarde, antes de llegar al jardín.

Así lo hice.

—¿Cuál fue la causa principal de tu mente de esta tarde? ¿Qué fue lo que llegó hasta el primer momento de tu mente de esta tarde y luego se convirtió en tu mente?

Yo podía verlo claramente, ninguna respuesta era necesaria o esperada: era la mente, mi propia mente anterior, del mismo día. Mi mente de la tarde era el agua de mi mente de la mañana, de la misma corriente.

—Mira otra vez; obsérvalo de nuevo ¿Cuál fue la causa principal de esta otra mente: la mente que tenías por la mañana?

De nuevo observé, y vi que era la mente de la noche previa, hasta el momento en que desperté.

—¿Y de dónde vino la mente de este año?

Del año pasado, desde luego, del río cristalino previo.

—Y ¿de dónde vino la mente del año pasado?

Del año anterior.

—¿Y la de años antes?

De mi propia mente de cuando era un niño, de la mente de un niño.

—¿Y la mente del niño?

De la mente de cuando era un bebé.

—¿Y la mente del bebé?

De la mente del feto que crecía en el seno de mi madre.

—¡Allí, atrápalo, pon tu mente allí! Piensa en un punto diminuto en el río invisible de la historia de tu mente, pon tu mente en ese primer instante de consciencia, ese instante mismo de consciencia, en el seno de tu propia madre, por primitivo que fuese.

Por supuesto, no podía recordarlo, pero sí podía imaginarlo, mi primer pensamiento, mi primera consciencia primitiva debía haberse producido allí, supongo que alguna percepción del calor y humedad del cuerpo de mi madre, de su presencia envolvente.

—Detente, sostén ese instante, enfoca tu mente en ese mismo instante.

Lo hice. El estaba callado. No me observaba con sus ojos sino con su poderosa mente. Volvimos a hablar.

—¿Se transformó en algo ese primer instante de pensamiento?

—Por supuesto, ya que muchos años después, ahora, estoy pensando.

—Por lo tanto, ¿tuvo una causa?

—Necesariamente.

—¿Tuvo una causa principal?

—Sí.

—¿Fue la causa principal de tu primer pensamiento algo físico: ¿algo que pudieras tocar, presionar, pesar o cortar?

—No, no, ya hemos dicho que la causa principal tiene que ser de una sustancia similar, sustancia de la mente y no sustancia del cuerpo.

—¿Otra mente?

—Por supuesto.

—¿De quién?

—¿De mis padres?

—¿Piensas como tus padres?

—¿En qué sentido?

—¿Tienes sus gustos y fobias, sus experiencias, sus dudas?

—Comparto algunas, pero no son las mismas.

—¿Tienes un estado de mente diferente al de ellos?

—Sí, mi mente tiene sus propios gustos y desagrados especiales, incluso desde muy joven.

—Por lo tanto, lo que causó ese primer instante de tu mente, ese primer instante de consciencia en el útero, si no eran las mentes de tus padres ¿de quién era?

—La mía propia.

—¿De dónde?

—De antes.

Soltó mi mano, que se deslizó junto a mi cuerpo, nuestros ojos se abrieron; los suyos me miraban con una mirada intensa, casi con furia, en una especie de exultación divina.

Comprendí que había vivido previamente, antes de entrar en mi madre.

—Bien —asintió él; su rostro empezó a suavizarse de nuevo y la chispa se desvaneció. Volvió a ser el monje mayor y tranquilo, de pelo blanco, cuya edad nadie podía adivinar, quizá cuarenta o sesenta años, sin edad.

—Bien, bien, lo has entendido. Ahora estás realmente listo para aprender algo.

Se trasladó hacia la luz más intensa en la pared del este del jardín, donde el agua de la fuente se ríe a su modo tranquilo, y me arrastró gentilmente detrás de él.

El Viaje de la Muerte

Por las palabras que había oído de Dharma Kirti, sabía que mi madre aún vivía, no porque lo hubiera visto con mis ojos, sino porque lo había visto con mi mente; no porque pudiera verlo con el ojo de mi mente, sino porque podía probar en mi mente que ella aún existía. Y sabía que esto era igual de verdad que verlo con los ojos. También sentía que mi propio destino estaba unido al de ella. Allí donde ella había ido, yo debía ir también, sentía que este era nuestro vínculo. Y donde fuera este lugar, yo quería una manera de hallar a la Dorada también en él.

Usaba la meditación del mejor modo posible, y trataba de poder comprender estas cosas, algo que no podía hacerse sin ayuda, y yo estaba cerca de saber que era así. Me determiné a regresar al Jardín; no fue difícil decidirme, puesto que éste había sido lugar de respuestas y alegría.

En esta ocasión la estación era el invierno, y el viaje me hizo llegar bastante tarde, cerca de la medianoche. Entré por el portalón, y esta vez la luna no estaba llena, sino que era sólo un ribete, y el brillo plateado de la escarcha del desierto cubría la hierba. El frío era cortante y agotaba mi paciencia, y me senté, por vez primera, en el banco debajo del algarrobo no dando la espalda al portalón, sino de cara, casi exigiendo que de una vez por todas Ella apareciera rápidamente. Pero esperé mucho tiempo, y sólo los últimos pero fuertes hilos de mi fe mantuvieron mis ojos fijos en las puntas de hierro que remataban la parte superior del portalón, por donde debía asomarse el rostro de quienquiera que se acercase.

Cuando él llegó me impresionó; no era ni un rostro ni un pelo dorado, ni la luz del sol y la ternura, sino más bien un cráneo calvo, dos oscuros huecos hundidos en la sombra de un blanco pálido, sobresaliendo del portalón. Cruzó desde la entrada hasta mi banco suavemente y con rapidez, como un espectro; sus vestimentas se arrastraban por el suelo, acentuando su gran altura. Se puso a mi lado, mirándome fijamente con su rostro inexpresivo; era el maestro del conocimiento más elevado, Vasu Bandhu en persona.

Tenía un aspecto demacrado, y sus miembros eran largos, pero no delgados, sino más bien fuertes y decididos, y aún a su edad tenía los fibrosos tendones de la tenacidad. Supuse que tendría unos setenta años. Su frente era corta, su mandíbula cuadrada, tersa y aún estirada, de tal modo que su piel parecía estar meramente pintada sobre el cráneo. Tenía los labios fruncidos, apretados, y grabados en las mejillas, profundas líneas en las comisuras que le conferían una seriedad mortal. Me quedé sin palabras y esperé las suyas. Continuó de pie a mi lado, mirando hacia abajo; la hierba suave y la fuente cantarina ya no estaban conmigo, sino detrás de mí.

—¿Morirás hoy? —preguntó con sencillez.

De cualquier otro con ese aspecto en aquella oscura soledad, podría haber interpretado sus palabras como una amenaza, pero confiaba en sus hábitos, los hábitos de un monje, y simplemente respondí:

—No lo sé.

—Piénsalo, ¿morirás hoy? —insistió.

—Podría ser, siempre es posible, existe la posibilidad de que ocurra... pero aún no ha sucedido, y por ello quiero pensar que no, precisamente hoy no.

—Mira tu cuerpo —ordenó—. ¿Va a morir?

Miré fijamente mis manos y mis dedos, ateridos por el frío, y pensé en las manos del cadáver de mi madre, aquella mañana cuando la encontramos en un charco de su sangre, una vez que el cáncer le hubo devorado el corazón.

—Sí, sí, éste es un cuerpo que morirá.

—Y cuando llegue la muerte —continuó con vehemencia—, ¿hay algún lugar al que puedas ir?, ¿algún lugar que conozcas donde la Muerte no pueda llegar?

—No, no existe un lugar así. Ni un castillo de piedra, ni un barco en el mar, ni una ermita en un frondoso bosque, ni una cámara de hierro. La muerte nos alcanza a todos, es imparable.

—Pero eres joven. ¿No es la muerte sólo para los ancianos? ¿No atrapa la Muerte a sus víctimas en un orden lógico, primero a los mayores y después a los más jóvenes?

Pensé un momento:

—Ciertamente vamos a morir y buscamos la muerte entre los que ya han vivido mucho tiempo, pero no, no se puede decir que siga un orden fijo, más bien parece actuar al azar, y muchos jóvenes amigos míos también han muerto. La muerte no parece respetar ningún orden.

—Pero seguramente, debe haber medios para evitar la Muerte, algún nuevo avance en medicina, encantamientos sagrados sólo conocidos por ciertos elevados sacerdotes, algún modo habrá de apartar la Muerte de nuestra vida.

—Oh, hay medicinas, y a veces parecen retrasar su llegada, pero no, ningún doctor ha encontrado aún la medicina que evite la Muerte, y ningún sacerdote ha encontrado el conjuro que pueda apartarte de sus garras.

—Pero, ¿no podríamos usar más sabiamente estas medicinas, esforzarnos para enseñar a nuestra gente maneras sanas de comer o ejercitar el cuerpo para así encontrar un modo de añadir horas a nuestra vida?

Pensé con cuidado, ya que solía hacerme esta misma pregunta con frecuencia, y la respuesta me había intranquilizado:

—Sí, podemos hacer todas estas cosas y, aparentemente, esto debería añadir tiempo a nuestra vida pero, paradójicamente, incluso mientras hacemos ejercicio o durante las horas que invertimos cocinando y comiendo nuestra comida integral y biológica estamos perdiendo horas de vida, éstas nos han acercado inexorablemente un poco más a nuestra muerte. El tiempo que dedicamos a vivir es tiempo de vida perdido, y tiempo que, siempre, de modo constante, nos acerca más a la muerte. La carrera para llegar a la muerte no se puede detener, ni se puede correr más despacio.

Vasu Bandhu permaneció de pie en silencio, y cuando el sonido de mis propias palabras se apagó en mis oídos, escuché el manantial que fluía desde la fuente, detrás de mí, y sentí como si me invitara a pensar en el agua. Mi vida parecía algo sólido, un manantial entre las rocas, cuando en realidad era un goteo continuo de preciosos momentos que sin pausa se me escapaban.

—¿Cuántas horas has meditado hoy? —preguntó finalmente.

—Bueno, normalmente soy bastante regular, pero hoy he tenido unos trabajos extra que hacer en la biblioteca, los preparativos para viajar hasta aquí, y una cena rápida en la posada, y…

—Responde a la pregunta.

—No he meditado nada, no he tenido tiempo.

—Y ayer, que sí tuviste tiempo, ¿cuánto meditaste? ¿Cuánto tiempo consagraste a la búsqueda más importante? ¿Cuánto tiempo dedicaste a tu espíritu en vez de a ese cuerpo, que se pudrirá?

—Oh, ayer sí que medité, casi una hora, por la mañana.

—¿Sólo una hora en un día? —preguntó.

—Bien, normalmente intento meditar una hora, un poco por la mañana y un poco por la noche.

—¿ Sólo una hora? —repitió.

—Bueno, de hecho, incluyo los preparativos y demás; y en ocasiones hay algún trabajo que acabar ese día, o alguna interrupción desde fuera de mis aposentos. Honestamente, creo que medito una media hora o quizás veinte minutos.

—¿Veinte minutos, en un día de veinticuatro horas? —preguntó otra vez.

—Sí, sí, en total creo que, cuando puedo, veinte minutos. Miré hacia el frío suelo.

—Y para comer, ¿cuánto tiempo dedicas a comer? —preguntó—. Y a dormir, y a hablar con tus amigos, y a pensar neciamente en lo que podrías haber hecho o aún podrías hacer. E incluso para defecar, ¿cuánto tiempo necesitas?

—Bien, todo eso… así es un día, así es como paso el día.

—Por lo tanto, es como si ya hubieras muerto. Hay tan poco, tan poco tiempo antes de que llegue la muerte, y lo cierto es que ese tiempo se desperdicia, de modo que no hay tiempo para nada. Tú no tienes tiempo en absoluto. Tú ya estás, diría yo, casi muerto.

Me senté en silencio.

—¿Sabes? —preguntó con suavidad, como si tuviese ya la experiencia— qué le parece la vida a un hombre de setenta años?

—No, aún soy joven.

Suspiró:

—Imagina un largo sueño, un sueño como la vida misma, conteniendo a veces experiencias agradables, desfigurado por momentos de gran dolor, pero sin embargo lleno y con colorido.

—Puedo imaginarlo.

—Imagina ahora el despertar.

Esto también lo podía imaginar.

—Imagina ahora el sentimiento de una persona que se acaba de despertar y recuerda el sueño.

Lo hice, puesto que había tenido sueños parecidos, y había quedado sorprendido de que el sueño pareciera haber durado sólo unos instantes, que se desvanecían rápidamente. Asintió y permaneció en silencio un rato y luego, una vez más:

—Mi pregunta es: ¿Te morirás hoy?

—Realmente no lo sé —dije sinceramente.

—Déjame contarte una historia —dijo relajado y con su voz ronca—. Imagina a un hombre que ha hecho algo malo a otro que es muy fuerte y peligroso. Este último le ha amenazado y advertido de que antes de terminar el mes, irá a su casa por la noche, entrará y le degollará.

Por culpa de la fría noche y por la sensación que había descendido sobre mi estimado Jardín, sus palabras me hicieron temblar.

—Ahora te pregunto, llegado el momento ¿habrá algún preparativo que hacer, como atrancar las puertas, poner cerrojos en las persianas, o métodos conocidos para pedir auxilio? Y, llegado el caso, ¿es mejor hacer esos preparativos en la vigilia de la primera noche, o quizá esperar a la siguiente, o después de cinco noches, sabiendo que el hombre con el cuchillo puede aparecer en cualquiera de ellas hasta el fin del mes?

—Por descontado que debería hacer dichos preparativos de inmediato.

—Pero, ¿qué sucedería si el hombre con el cuchillo viniera la última noche del mes o la penúltima?

—Bien, no importaría, porque los preparativos ya se habrían hecho; pero si los preparativos se pospusieran y el asesino llegase antes, entonces todo estaría perdido.

—Por supuesto, tienes razón. ¿Cuál es la duración de una vida humana?

—En esta época, unos setenta años. La gente llega a los setenta.

—No, no te he pedido el promedio de vida sino ¿cuál es el espacio de vida de una persona humana? ¿Cuánto tiempo puede vivir una persona?

—Bien, algunos viven más y otros menos, pero hoy en día la mayoría vive hasta los setenta.

Se aclaró la garganta y sus ojos casi manifestaban enojo:

—Una vez más: ¿Cuánto dura una vida humana?

—Bien, si lo pones de esta manera...

—De qué manera? —replicó.

—Bien, de acuerdo, no lo sé, no lo sabemos, no hay un espacio fijo en la vida de un humano. La vida no tiene un espacio definitivo, algunos mueren cuando son viejos, otros en la plenitud de su madurez, otros en la flor de la juventud, otros de niños, otros incluso antes de abandonar el seno materno. Ni en nuestra vida ni en la de otro hay un número fijo de días.

—¿Es fácil o difícil morir? —continuó incansable.

—Creo que debe ser difícil; yo he vivido más de veinte años, que incluso es más de lo que dura un carruaje fuerte, es casi la mitad de la que aguanta una casa del desierto que se construye con piedra y mortero.

—Así que nunca has visto o has oído hablar de un hombre que haya muerto a causa de un pequeño corte que se haya infectado, o por resbalar en un pequeño estanque de agua, o de un puñetazo que le hayan dado en un momento de enfado.

—Bien, sí, lo he visto, y también he oído hablar de ello.

—Y nunca has visto u oído hablar de alguien que haya muerto por culpa de aquellas cosas que se supone que nos deben mantener vivos: nunca has oído hablar de alguien que haya sido atropellado por un carro, o cuyo cráneo haya sido destrozado por la coz de una vaca; alguien que se haya ahogado con un manjar delicioso que su esposa le había cocinado con esmero; alguien muerto en las manos de un médico que le haya administrado un tratamiento; alguien que se haya caído por las escaleras de su casa o que haya muerto por culpa de un ladrillo o de un pedazo de techo que se suponía deberían protegerle?

—Creo que a menudo suceden cosas así.

—Tú has estudiado algo de fisiología, dime ¿cuál es la función de los pulmones?

—Refrescar el cuerpo, abastecerle de aire, y moderar la influencia del elemento más caliente, la bilis.

—¿Y la función del hígado?

—Producir bilis, ayudar a la digestión para que la comida pueda alimentar y mantener el cuerpo caliente.

—¿Y si el ardor del cuerpo es insuficiente, si el elemento aire alrededor de los pulmones se vuelve demasiado fuerte?

—El hombre muere de neumonía.

—Pero, ¿y si el elemento aire se debilita y no hay frescura en el cuerpo?

—Entonces, el hombre se muere por culpa de la fiebre.

—Por lo tanto, podemos afirmar que nuestro cuerpo, esta máquina que parece gozar de un equilibrio tan maravilloso, es realmente como un accidente fatal que está al acecho. Que la función misma de los órganos en el organismo los coloca en guerra, unos contra otros, y que es simple y llanamente una cuestión de tiempo que un órgano domine a los otros y mate al cuerpo.

Resultaba extraño pensar que, aunque nada externo lograra matarme, mi propio cuerpo lo haría; pero tuve que admitir que era cierto.

—Así es.

—Por lo tanto, ¿no es cierto que este cuerpo puede morir con facilidad? ¿No es cierto que nos rodeamos de cosas para protegernos, alimentarnos, movernos y estar cómodos, y que son estos mismos objetos, o el cuerpo en sí, lo que nos matará?

Me sentía más y más incómodo al pensar en cosas que, en general, preferimos ignorar, pero tuve que admitirlo y asentí en silencio.

—Además, ¿no es cierto que satisfacer las necesidades físicas de este cuerpo es casi imposible y que en este empeño se consume casi una vida entera? ¿No trabajan todo el día los hombres y mujeres de este planeta, simplemente para alimentarse y vestirse y ¿no fracasan a menudo en su afán y mueren llenos de anhelos?

—Sí, es totalmente cierto.

—Debes admitir, pues, que nacemos para morir, ¿tengo razón?

Yo asentí de nuevo.

Vasu Bandhu se quedó en silencio, y el Jardín enmudeció, no con el silencio gozoso de la meditación del maestro Kamala Shila, sino más bien con un silencio mortal, un silencio de invierno. Y el Jardín parecía estar hecho por completo de las piedras de sus paredes, y no de la vitalidad de sus maravillosas plantas y árboles.

Volví mis ojos hacia él, que miraba a la distancia, a la oscuridad por encima de la pared sur a la derecha, perdido en sus pensamientos. Luego bajó su mirada hacia mí, y quedé sorprendido por la metamorfosis de su rostro: la piedra fría se había convertido en una compasión casi ardiente, y sus ojos brillaban, inundados de lágrimas.

—Y si un hombre tiene familia y amigos, compañeros queridos y cercanos, compañeros de toda una vida, esposa, hijos y camaradas que han caminado con él a lo largo de una vida, y éstos cuando muere él, cuando se está yendo, tumbado en su cama, vienen y le rodean en aquella hora, ¿no se agarran algunos de su mano, otros le cogen la mano para llevársela hasta la mejilla, le tocan el pecho o las piernas?

—Sí, sí, yo mismo lo he visto, he estado allí al lado de la cama.

—Y ¿has visto cómo, a pesar de que le agarran con fuerza, se va, se muere?

—Sí, lo he visto.

—Se va, ¿solo?

—Sí, solo: los otros pueden cogerle, pero nadie puede acompañarle.

—Pero, aunque nadie pueda irse con él, ¿sí puede coger y llevarse algunas de sus preciadas pertenencias, aunque sólo sean unos pocos de los objetos por los que ha quemado su vida entera trabajando, esforzándose para asegurarlos en los rincones de la casa que dice que es "suya"?

—No, no: es una vida entera desperdiciada, cada objeto, cada pedazo de objeto, cada penique, cada posesión, todo lo que ha ganado a duras penas y que ha poseído tendrá que dejarlo por completo.

—¿Y el cuerpo?, ¿este cuerpo tan preciado y querido?, ¿el cuerpo, nuestro cuerpo al que alimentamos durante años con tanto cuidado, que vestimos con esmero para estar calientes y bellos; ¿el pelo que diariamente arreglamos con estilos diferentes, la piel que bañamos y untamos con aceite para mantenerla, nuestro propio rostro, nuestra propia identidad?

—Nada, ni nuestro cuerpo, ni tan siquiera nuestro nombre. No nos podemos llevar nada, estamos total y absolutamente solos.

—Y en ese momento final, ¿a quién pedir ayuda? ¿Hay algún amigo que pueda asistirnos? ¿Alguna autoridad poderosa o rico patrón que pueda ser invocado? ¿Existe algún médico al que llamar en el momento mismo de la muerte?

—No, ninguno, es inútil. No hay nadie a quien llamar, ni queda nadie a quien llamar, ni se llama a nadie.

—Y así, ¿podemos concluir que es del todo seguro que moriremos?

—Sí.

—Además, ¿sabes que no hay certidumbre alguna sobre cuándo ocurrirá?

—Ninguna en absoluto.

—¿Y que en el momento de la muerte es inútil buscar ayuda mundana?

—Así es.

De nuevo, Vasu Bandhu me dejó en silencio y miró hacia la oscuridad, con una enorme tristeza en los ojos. Estuvimos así durante un buen rato, sin ser ni conscientes del frío, cada uno con sus propios pensamientos.

—Tú y yo —dijo despacio— hemos estado hablando de la muerte, pero ¿nos estábamos refiriendo a la muerte del cuerpo, a la muerte de la mente, o a la de ambos?

—Diría que a las dos: la gente dice que el cuerpo y la mente mueren juntos, ya que cuando el cuerpo muere, la mente ya no puede seguir existiendo.

Su rostro cambió de nuevo y se endureció.

—¿Qué has dicho? ¿La mente muere...porque el cuerpo muere?

Apenas podía soportar su mirada:

—Sí, esto es lo que dicen.

Me miró indignado, como a alguien al que han descubierto como traidor, un traidor cuyas mentiras han causado el dolor y la muerte de muchos inocentes.

—¿Y puedes darme —inquirió— una sola prueba de que la mente muere cuando el cuerpo muere?

—Bien, cuando el cuerpo muere, la persona deja de hablar y parece que también deja de pensar.

—¿Puedes tú verlo?, ¿cómo sabes que ha dejado de pensar?

—No, no podemos ver la mente, no es como el cuerpo, no está hecha de la misma sustancia. Es algo invisible y con capacidad de conocer, pero que no tiene nada que ver con la piel y el hueso, que se pueden tocar, cortar y medir. Pero podemos adivinar lo que piensa la mente por las expresiones y los sonidos reflejados en el rostro.

—Así, ¿tú dices que cuando el cuerpo se quiebra y ya no se puede reparar, cuando la capacidad del cuerpo para mover la lengua y mostrar expresiones faciales cesa, entonces esa cosa invisible y con capacidad de conocer, llamada mente, cesa también porque ya no puede expresarse a través de las palabras y del rostro?

Comprendí hasta dónde quería llegar: era como afirmar que una persona que monta a caballo debe estar muerta, simplemente porque su caballo se haya muerto, o que la mano que sostiene un martillo debe estar muerta, cuando tan sólo se le ha roto el mango. Empecé a darme cuenta de que esta idea, la idea de que la mente, invisible e inefable, ha de morir cuando el instrumento a través del cual se expresa muere, no era más que una de esas cosas que creemos sólo porque nuestros padres también lo creen; no era más que otro de esos conceptos no analizados que creemos porque todos a nuestro alrededor así lo hacen, y porque lo venimos creyendo desde nuestra niñez; y que nuestros niños también lo creerán sólo porque nosotros lo creemos, sin tener ni una sola buena razón para ello. No tenía ninguna prueba para Vasu Bandhu de que la mente debía morir sólo porque el cuerpo moría y dejábamos de apreciar su influencia sobre el cuerpo mismo.

—Yo sé que has visto con los infalibles ojos de la razón que has vivido antes; puede que no conozcas los detalles y no afirmo que los puedas llegar a conocer fácilmente, pero sabes que has vivido antes, gracias a la lógica fría, divorciada de suposiciones indefendibles como las que nos rodean desde niños. Y por ello, es totalmente lógico afirmar que tu mente continúa cuando se quiebra el cuerpo.

—Supongo que es así —dije yo, esperanzado de algún modo, puesto que habíamos llegado finalmente al asunto por el que había viajado hasta el Jardín: para tener noticias de mi madre y de mi propio futuro, de mi futuro con Ella.

—Entonces, naturalmente debe dirigirse a alguna parte —señaló con sencillez.

—Oh sí —dije— he oído hablar al respecto, sobre la reencarnación; y cómo debemos encontrar a la persona que existe ahora, que era en el pasado nuestro ser querido; hay gente que busca a videntes, personas que puedan decirnos adónde han ido nuestros seres amados —miré a Vasu Bandhu, para ver si su sabiduría podía guiarme.

Me miró directamente a los ojos y esta vez las lágrimas corrían por su duro rostro, y la voz sonaba ronca y agarrotada por la emoción:

—¿Crees —preguntó suavemente— que una vida humana, el tipo de vida que ahora vives y que tu madre vivió, es fácil de encontrar? ¿Supones que cada mente que prosigue, prosigue en un cuerpo y una vida iguales a estos?

—Bien... esto es lo que dicen —respondí con insistencia, sin querer oír lo que sospechaba que oiría.

Miró a lo lejos y luego volvió la vista hacia mí.

—Si piensas en ello tan sólo un instante, ¿crees de verdad que el mundo que ves ahora es el único? Como persona de inteligencia normal, ¿te imaginas de verdad que todo posible reino en el que cualquier forma de vida tiene la posibilidad de existir, está aquí ante tus ojos? Este mundo que ves aquí, ¿no te sugiere la existencia de otros mundos, y muy probablemente, de un número interminable de mundos de los que no tienes siquiera conocimiento?

Pensando tan sólo un breve momento, y a la vista de las estrellas en el aire frío sobre su hombro, y pensando en los seres del microcosmos existentes en la hierba y la fuente del Jardín, visibles e invisibles, y reflexionando en las interminables cámaras de mi propia mente, los lugares que me resultaban familiares y aquellos que aún no había descubierto, tuve que admitir que el mundo que conocía sólo era, probablemente, una porción infinita de un universo vastamente mayor, compuesto de reinos infinitamente variados. Y pisándole los talones a este pensamiento vino otro, una desesperación completa, porque nunca podría encontrar a mi madre.

El intuyó mis pensamientos, y con suavidad, pero con autoridad, dijo:

—Te hablaré brevemente de los reinos; no es necesario que te lo creas ahora, pero estas cosas pueden ser probadas y lo serán, llegado el momento. Pueden ser vistos, y tú también puedes verlos, más bien debería decir, tú los verás a su debido tiempo.

»Hay reinos a los que llega la mente, en los que, al abrir los ojos por primera vez, te encuentras con el cuerpo de un ser ya crecido. Y al alzar la mirada, lo primero que ves son seres con cuchillos o palos que se acercan a ti con furia. Instintivamente, te echas al suelo, coges cualquier cosa: un bastón, una piedra, y se lo lanzas. Algo en tu interior te mueve a atacar, y así vives toda una vida inmerso en la furia de matar, esforzándote por matar o cayendo muerto. Y si te matan sufres una maldición particular que te impide morir, así que de nuevo debes levantarte para seguir esforzándote y sufrir, una y otra vez, durante miles de años.

»Hay reinos en los que, al abrir los ojos, te ves simple y llanamente rodeado de fuego. No puedes morir. Ardes. Sientes la agonía de consumirte. Gritas, gritas y sólo gritas, sin poder hacer nada más. Te quemas.

»Hay reinos en los que corres y corres: corres para escapar de grandes y temibles perros con colmillos de acero, que muerden y desgarran tus piernas, y no tienes lugar al que ir: sólo puedes correr sin parar.

»Hay reinos de ansia constante, reinos de espíritus, conducidos por el hambre y la sed, que van vagando entre lamentos en busca de una comodidad que nunca pueden encontrar, pero aún así han de seguir buscando, inútilmente, sin fin. Son reinos que, de momento, no puedes ver.

Hizo una pausa, miró a lo lejos de nuevo y, por vez primera, fui consciente de que mi propio rostro estaba húmedo por las lágrimas que habían caído de sus ojos.

—Incluso en este mundo, incluso en los reinos que puedes ver...—dijo con calma—. Imagina lo que significa ser un animal, aquí en este reino. Os conozco, gente. Conozco vuestros pensamientos, creéis que los animales viven en una especie de armonía natural, una comunión especial con los árboles, el agua y las montañas. Pero déjame decirte lo que realmente significa, y corrígeme si me equivoco. ¿Por qué crees que los pájaros echan a volar cuando te acercas? ¿Por qué crees que los peces escapan cuando la sombra de un humano cruza la superficie del agua? ¿Por qué crees que el ciervo, el zorro, el cuervo y el ratón huyen de ti? Y, ¿por qué siempre escapan aterrorizados?

»Es debido a que la vida del animal es el terror; la vida de un animal consiste en una sola cosa, una sola actividad: evitar convertirse en la comida de otro animal. Los animales devoran o son devorados. O se comen a los más débiles, o son comidos por los más fuertes. Corren porque no quieren que se los coman. Pasan toda su existencia al acecho, temerosos de que venga algún peligro: tú eres ese peligro. Tú eres el peligro último. Tú eres el animal que les captura y les obliga a hacer tu trabajo, o les despelleja para vestirse, o come su carne como alimento.

»Bien, ¿qué significa realmente ser un animal? Has de saber cómo son incluso los reinos que puedes ver. Y no imagines —dijo casi enfadado—, no te engañes, pensando que aunque otra mente llegue a adoptar esa forma de vida, tu propia mente nunca llegará a tomarla. No seas tan arrogante, ni irreflexivo. Usa tu intelecto para comprender que la mente prosigue: se irá a otro lugar; comprende que otras mentes han ido a parar a estos reinos y que tu mente podría llegar también a ellos. La mente no se detiene, no puede terminar aunque lo desees, debe seguir, y hay reinos que se encuentran más allá de tu imaginación, reinos de sufrimiento inimaginable, a los que puedes llegar.

Al final de estas apasionadas palabras se levantó, casi sin aliento. Su edad y el frío parecían atraparle: por vez primera pareció cansado y triste.

—No debes llegar a estos reinos, no quiero que caigas en ellos. Antes dijimos que nada ni nadie puede ayudarte en el momento de tu muerte. Pero no es así, hay algo que puede ayudarte, y es el conocimiento, el saber sagrado, el conocimiento de las cosas espirituales. Puedes aprender este conocimiento, y lo harás. No obstante, de momento, revisa lo que te he enseñado, los tres principios referentes a la muerte: que es segura, que su llegada es incierta, y que cuando llegue ninguna cosa mundana podrá ayudarte. Medita sobre cada uno de los puntos de los que hemos hablado para probar la certidumbre de la muerte y demás. Es lo que llamamos meditación en la muerte.

»No hablo así para preocuparte, no es mi deseo asustarte. Este no es el objetivo de meditar en la muerte. Quien nunca haya aprendido esta meditación, quien nunca haya llevado a cabo esta meditación, tiene motivos, grandes motivos, para temer la muerte, y cuando le llegue estará aterrorizado. Pero si aprendes a meditar en ella, si la dominas y conoces los preparativos que deben hacerse, cuando llegue podrás morir con confianza, sin ningún temor, porque habrás planeado tu viaje: conocerás el sendero del más allá y el reino al que te diriges, un buen reino, un buen lugar.

Antes de que termine el mes, el hombre fuerte armado con su cuchillo vendrá para matar a su enemigo. Cierra las puertas, prepárate; aprende lo que necesitas saber y empieza… esta noche.

La Libertad

La fría noche con el Maestro Vasu Bandhu me dejó temblando y aún más alejado de las respuestas que buscaba. Si todo lo que había dicho era cierto, y no había en mi mente ninguna manera de demostrar lo contrario, quedaba enfrentado no tan sólo a la vaga ansia de encontrar y ayudar a mi madre y de poder comprender lo que intuía como algo espiritualmente muy importante relacionado con la Dama del Jardín, sino que el asunto era mucho más urgente. Si la mente no acababa con la muerte —y por lo que podía entender no había ninguna evidencia de que así fuera—, y si había una variedad casi infinita de mundos y formas de vida a las que podía llegar después de morir, y si muchas de estas formas de vida, a juzgar por las lágrimas en los ojos de Vasu Bandhu, no eran más que sufrimiento, lo que hasta ahora había sido una tranquila búsqueda se convertía en una carrera mortal contra el tiempo, contra mi propia muerte.

Por ello, mi siguiente viaje al Jardín tuvo lugar a principios de la primavera del año siguiente, tan pronto como pude dejar mis asuntos. Es la época del año en que el desierto se encuentra en un estado de transformación, no como en las tierras donde crecen grandes árboles llenos de verdor, en los que la primavera despierta las ramas de las que crecerán brotes. En esta época, el desierto es durante el día una agradable mezcla de calor y fresco, y durante la noche se transforma en un frío vigorizante, aunque no desagradable, consecuencia del calor diurno; paso a paso, la vibración de los sutiles colores pastel empieza a intensificarse.

En esta ocasión, cuando entré en el Jardín no me senté instintivamente en el banco habitual, sino en el amado lecho de hierba, más suave en esta época, con verdes brotes, frescos y delgados. Me senté, encogí las rodillas, y apoyé mi barbilla en ellas, mirando al agua cristalina resbalar por la boca de la fuente. Gradualmente cerré los ojos, soñando, más que deseando, que finalmente Ella llegara.

Aunque no escuché ningún ruido, en un momento dado sentí algo extraño: un calor radiante y una fragancia exquisita a mi lado imposible de describir, como la de una gardenia o un hibisco, mezclado con algún tipo de miel, y todo ello emanaba un calor casi sobrenatural. Era la cosa más cercana a Ella que, como adulto, haya podido nunca experimentar en este lugar, y con una tranquila oración incliné mi cabeza hacia la izquierda, apoyando la mejilla derecha en mi rodilla, y lentamente abrí los ojos.

A pesar de que nunca antes había posado mi vista en un ser así, o al menos no era consciente de ello, supe al instante que se trataba de Maitreya, el Iluminado, de quien se dice que será el siguiente Buda que caminará por este planeta. Le reconocí por los viejos pergaminos, que aun siendo dolorosamente hermosos, no le hacían justicia. Supongo que, desde que el último humano le encontró cara a cara y los Cinco Grandes Libros llegaron a nuestras tierras, los pintores debían haberse sentido frustrados, a lo largo de los pasados dieciséis siglos, intentando recrear su magnificiencia.

Como yo, se sentó en la hierba, con las rodillas pegadas al tronco, y cada pulgada de su cuerpo proclamaba su gracia y naturalidad. Su pelo, largo y negro, caía por sus hombros, y su cuerpo juvenil, esbelto y musculoso, resplandecía con una luz suave y dorada. Se cubría con una tela azul de algún material brillante y suave como la seda, y mostraba una inocencia gloriosa y sin modestia, adornado con joyas: largos pendientes de turquesa y oro, en el cuello una gargantilla de delicados diamantes blancos, una pechera de rubí y piedra lunar, finas pulseras en los brazos con filigranas de oro y zafiro, y en sus tobillos cadenas de oro entretejidas con cuerdas de semillas preciosas y perlas de color rosa, ébano y marfil.

Su rostro era fuerte, elegante e inconfundiblemente varonil, aunque a la vez había en su modo de moverse y sentarse una magnética cualidad femenina, de manera que parecía un ser completo, algo como la perfección viva. Me miró con una franca expresión de amor perfecto y compasivo —como si a la vez fuera yo su hijo, amante, esposa y querido hermano— unido a un profundo interés, como si acabara de enterarse de que yo estaba gravemente enfermo y me quedaba poco tiempo de vida.

Sus primeras palabras —pronunciadas de modo natural, con una sinceridad absoluta y una facilidad perfecta, como si fuese lo primero que una persona debería decirle siempre a un extraño— fueron: "Realmente te amo".

Sonreí, e inmediatamente me sentí ante la presencia de un viejo y querido amigo. Nos sentamos, sólo mirándonos a los ojos, sin necesidad de palabras. No podría decir con exactitud cuánto tiempo había transcurrido cuando cambió de posición y fijó su mirada en el agua inusual y encantadora del desierto fluyendo por la fuente. Después, volvió a hablar:

—Conozco tu mente, conozco todo lo que le ha ocurrido a tu mente, sé todo lo que le acontecerá, conozco tu mente ahora: conozco tu mente. Pero sería agradable para mí —lentamente volvió sus ojos hacia los míos— disfrutar juntos del placer de hablar, por ello te pido, estimado, que hables para sentirte el más feliz, y yo también me uniré a ti.

No sentía ninguna vacilación, ni ninguna distancia entre nosotros, sino un bienestar total para confiarle todo aquello en lo que había estado pensando. Y así lo hice: temía por mi madre sabiendo que aún debía existir y podía estar en grave peligro. También me sentía perdido porque cada vez era menor la esperanza de encontrar lo que fuera que pudiera conducirme a Ella, aquí en el Jardín. Me escuchó con perfecta atención, de nuevo con esa mirada que sentía como la mirada de un niño puro, inocente y amoroso cuando observa el rostro de su madre.

—Por encima de todas las cosas, deseo que encuentres lo que buscas; nada me haría más feliz —dijo con la resonancia de la verdad perfecta—. Y lo último que quiero es causarte más dudas, más preocupación. Pero tengo que hablarte con sinceridad, soy incapaz de hacerlo de otro modo: los reinos de los que te habló Vasu Bandhu y el terror que hay en ellos quizá no es nada comparado con los sufrimientos en tu propio reino, en tu propio mundo. El aura de sufrimiento que te rodea a ti y a los que viven contigo en tu mundo es más difícil de considerar, para los que son como yo, que los sufrimientos de esos reinos escondidos.

»Quizás se deba a que estáis muy cerca de abandonar todo el sufrimiento, porque en vuestro interior tenéis todo lo necesario para alcanzar la Libertad total. O quizás —dijo con el rostro ligeramente distorsionado, como si estuviera a punto de romper a llorar— quizás lo que es difícil de observar es cómo sufrís sin daros cuenta de que estais sufriendo; y así sufrís tanto, tan constantemente y sin ninguna esperanza.

—¿Cuáles son estos sufrimientos?, muéstramelos para que pueda, al menos, conocer la verdad —imploré con la voz de un hombre que pide conocer la verdad pura, la que quizás siempre ha sabido, pero a la que nunca se ha atrevido a enfrentar.

Volvió hacia mí su dorado rostro y sus profundos ojos castaño y me dijo con delicadeza:

—¿No te has dado cuenta de que en el mundo en el que vives, en este tipo de vida que te ves forzado a seguir ahora, nada es seguro?

»No puedes fiarte de nada, nada permanece estático. Las fuerzas que circulan en tu mundo, las fuerzas que te han creado, tanto a ti como a tu mundo, las que dictan el movimiento del tiempo y los sucesos a lo largo de tu vida, tienen una determinada cualidad, una determinada fluctuación que hace imposible que haya algo en tu mundo estable por mucho tiempo.

»Y esto es muy doloroso —dijo con un suave suspiro— cuando vosotros encontráis por fin a quien amar y que os ame, con el tiempo las marchas de este vehículo y sus fuerzas cambian, se desplazan, y a pesar de vosotros mismos, ya que no tenéis la culpa, pues sois conducidos por energías activadas mucho antes, los dos cambiáis: el amor se transforma en agrado, el agrado en ignorancia, y ésta se convierte en un desagrado que finalmente acaba siendo odio.

»Esto sucede muy a menudo en vuestro mundo: por su naturaleza misma llegáis a odiar aquello que amabais, y los que están ahora más cerca de vosotros son a quienes acabareis ignorando.

La verdad de sus palabras, la confirmación que mi propia vida les otorgaba, hizo nacer en mí una especie de dolor que irradiaba hacia fuera, pero a mitad de camino se cruzó con aquella luz dorada que me hizo sentir como el hijo herido abrazado por su padre y cuya sola presencia ya le conforta.

Hizo una pausa, como si no desease continuar, pero yo asentí en silencio, pidiéndole sin palabras que prosiguiera: ambos sabíamos que para poderme sentir libre, para llegar incluso a desear sentirme libre, era necesario para mí saberlo todo.

Mirándome fijamente a la cara, como si me sostuviera con sus ojos amorosos, dijo:

—Y padecéis de otro sufrimiento, el más cruel, del que te voy a hablar ahora porque te amo. En vuestro estado presente sois totalmente incapaces de sentir la emoción de la satisfacción, del contento. Vuestra ansia es incesante, y como si fuera un embrujo, os impulsa sin compasión. Os obliga a buscar, obtener, a intentar conseguir siempre más y más de lo que tenéis. Os esforzáis inútilmente como diminutos insectos peleando por una pequeña e insignificante felicidad mundana, separados de los demás compañeros insectos, y tan pronto como la obtenéis, el descontento os fuerza a levantaros de nuevo para perseguir una segunda felicidad, pequeña e insignificante, que, si por fortuna lográis, tampoco puede satisfaceros, por lo que de nuevo os levantáis...—hizo una pausa, como si el solo hecho de imaginar el modo en que funcionan nuestras mentes fuese doloroso para él.

—Imagina —dijo mirando esta vez a través de mí hacia algún punto lejano en el espacio— imagina lo que es sentarse y observar con una mente que conoce todas las cosas, las estrellas y planetas infinitos poblados por un número infinito de seres. Y a medida que cada planeta gira diariamente volviéndose hacia su estrella más cercana, estos infinitos seres despiertan por la mañana y corren durante las preciosas horas de sus vidas, guiados y golpeados sin piedad por su insatisfacción, para conseguir placeres sin sentido que son cada vez más y más difíciles de obtener, y desde luego imposibles de retener una vez conseguidos; y luego observar a estas pobres bestias caer, habiendo agotado la energía de sus cuerpos y mentes, y morir a causa de estos esfuerzos fútiles. Y todo porque no pueden contentarse con lo que ya tienen, aunque en casi cada caso es todo lo que necesitan para alcanzar, como yo he alcanzado, la felicidad verdadera.

En esta ocasión, Maitreya se detuvo durante un buen rato, con una pausa que me resultaba cruel —la crueldad menos intencionada, en el ser menos inclinado a nada que no fuera amor puro—, ya que no podía evitar darme cuenta de que estaba describiendo mi vida y la de aquellos a mi alrededor.

Finalmente, moviéndose con placer, se estiró sobre la hierba como un gato, y levantó un puñado de arena de las raíces del algarrobo. Giró sobre su estómago y se quedó mirando la hierba, suavemente iluminada por la luz que emanaba de su rostro. Levantó el puñado de arena lentamente, como en sueños, y fue dejándola caer con un fino goteo; los granos brillaban tenuemente mientras caían bajo la luz de su rostro, y empezó a reunirlos en un montoncito entre los tallos.

—Mira el montón —ordenó suavemente—. Su tamaño es el de una cima del Himalaya, es una montaña que divide el cielo, tan grande que empequeñece la imaginación. Y cada grano de arena de esta montaña es un cuerpo, un cadáver; unos gordos, otros delgados, unos ligeros, algunos tienen dos piernas, otros tienen cuatro, unos son jóvenes, otros viejos, algunos tienen pelo, otros la piel suave y fina de un hermoso bebé; millones y millones de cadáveres amontonados aquí, entre las hojas de hierba. Estos son tus cuerpos, porque te he observado, he esperado y deseado siglo tras siglo que un día fueses lo suficientemente puro para verme, y a lo largo de muchos años has ido tomando un cuerpo tras otro, cuerpos interminables, miríadas de cuerpos, te has arrastrado con ellos, has caminado con ellos, volado con ellos, muerto con ellos, has ido una y otra vez corriendo en busca de nada, a través de una vida de nada para morir con nada. Se inclinó y sopló el montón.

Nos quedamos en silencio de nuevo, aunque presentí que no había terminado su retrato de mi existencia, y volvió a moverse con ese movimiento felino y se tumbó sobre la espalda, mirando fijamente a la noche estrellada con una felicidad evidente y perfecta, recordándome a Ella.

—Estas estrellas, estas elevadas estrellas…sabes, quizás de algún modo te haría feliz entender que a medida que te he ido observando a lo largo del proceso del nacimiento y la muerte de galaxias enteras, has alcanzado niveles increíbles. He visto cómo has sido elegido emperador por los ciudadanos de todo un planeta; te he visto ser el primer y único humano que ha escalado las montañas más elevadas de tu mundo; te he visto ser la mujer más exquisita, el mercader más rico, el más admirado, el más famoso, con el mayor talento, el más inteligente y el más aclamado de todos los seres de tu planeta.

»Y aún así, y esto lo sabes por tu propia experiencia, cada vez caíste, las cosas cambiaron, te volviste menos hermoso, o menos rápido, o menos fuerte, y alguien más estaba allí, y el tiempo sin piedad te arrastró hasta que llegaste a caer más abajo que donde empezaste, a estar peor que cuando empezaste, acabaste no sólo en nada, sino en una nada olvidada y abandonada. No existe una situación de fama, felicidad, bienestar material o comodidad, con amigos, familia u hogar que, con el tiempo, no se transforme en una condición inferior de deterioro, para acabar simplemente en polvo. Créeme, lo he visto y sé que es tan cierto como que te amo.

Y con determinación añadió:

—Y todo esto sería más soportable si pudiéramos ir juntos, si comprendiéramos nuestro sufrimiento común y toda la especie humana enfrentara unida sus dolores, amándonos y apoyándonos unos a otros. Pero, una vez más, las fuerzas que modelan esta existencia no lo permiten. Estas fuerzas nos empujan a través del tiempo, nos impulsan a través de una vida corta y violenta; y sólo nos permiten una breve pausa para estar con otros. Pasamos por la vida, nos conectamos con amigos o amantes, esposos y familia, encontramos comodidad, compañerismo y apoyo, hasta que, inevitablemente, estas fuerzas nos separan. Aquí en tu reino no hay nadie con quien puedas permanecer: no hay nadie que pueda andar contigo más de un instante; y después te ves lanzado inexorablemente hacia un futuro de soledad completa. Siempre estás solo: naces solo, pasas por este reino solo, y hasta morir, siempre estarás solo.

Suspiró, cerró los ojos, y se apoyó contra la hierba, con una completa paz interior; con una completa desesperación en cuanto a mi vida y mi mundo.

Pasaron las horas, y estábamos estirados en la hierba, mientras yo intentaba entender sus difíciles palabras, las palabras más tristes, pronunciadas por el más satisfecho de todos los seres. Luego, una luz empezó suavemente a llenar el espacio donde estábamos tumbados, hasta que la zona entera debajo de los límites del algarrobo quedó bañada por una suave aura dorada. Recuerdo haber pensado que el amanecer ya había llegado, y lo cansado que debería sentirme, aunque no lo estaba, pero luego me di cuenta de que Maitreya ahora brillaba, con un resplandor casi incandescente, proporcionando a las plantas y árboles una nueva luz solar.

Sus ojos se abrieron lentamente, con placer, pero no más de la mitad, recordándome a Aquella que siempre había parecido morar en algún estado misterioso de placer que estaba más allá de mí. Sonrió ampliamente y susurró:

—Esa pregunta que ibas a hacerme, por favor.

Sentí una punzada de extrañeza al intentar hablar con un ser que sabía todo lo que yo había dicho o diría en el futuro, pero me vi verdaderamente abrumado por las preguntas más obvias:

—¿Cuál es la causa de todas estas cosas? ¿Cuáles son estas fuerzas de las que hablas continuamente? ¿Por qué debemos sufrir tanto? ¿Qué nos lleva a sufrir? ¿Debe ser siempre así? —pregunté con premura.

Se estiró y se sentó con las piernas cruzadas, directamente frente a mí; cogió mi mano en su regazo e inconscientemente empezó a acariciarla. Me sentí un poco avergonzado, y de modo imperceptible intenté retraer el brazo, pero sus manos eran fuertes, y me hizo cuestionar mi propia duda, pensando que no podía amar lo suficiente ni siquiera para ser amado por el amor perfecto. El siguió acariciando mi mano.

—Imagina —dijo, mientras la luz parecía aumentar su brillo, bañándome el rostro y el pecho con un dorado calor—, imagina lo que sería, si cada vez que alguien a tu alrededor consigue lo que quiere, te sintieras lleno de una alegría perfecta. Imagina que te sintieras tan feliz como ellos cuando reciben unas palabras de alabanza, u obtienen algún premio anhelado, o encuentran un nuevo y querido amigo. Imagina que te pudieras sentir así incluso aunque tú esperaras conseguir esa misma cosa o persona, imagina que pudieras compartir la felicidad de los demás de un modo tan perfecto que no pudieras distinguirla de la tuya propia. Lo que te quiero dar a entender es que imagines lo que sería vivir el resto de tu vida totalmente libre de la emoción de...—hizo una pausa como buscando una palabra que era incapaz de recordar, porque ni tan siquiera la había pensado durante siglos— ... la envidia.

Diciendo esto soltó mi mano, y con uno de sus dedos dibujó suavemente, atravesando mi frente de arriba abajo, una línea que terminaba justo entre mis dos cejas. Con este ligero toque me sentí extremadamente aliviado, aliviado de una gran pena, y la piel de mi frente se relajó como nunca lo había hecho desde que la envidia, de la que había sido víctima desde mi infancia, grabó su primera arruga allí. En verdad pude imaginar el resto de mis días sin envidia, y se me ocurrió cuánto tiempo me ahorraría, cuánto espacio quedaría libre en mi mente para dar lugar a otros pensamientos más felices. Sentí como si alguien me hubiera liberado de un pequeño cubículo y llevado a una gran habitación dorada reservada sólo para el baile más elegante, plácido y alegre.

Su rostro era una gran sonrisa, incluso más amorosa.

—Y ahora supón —en este instante todo su rostro era una gran y amorosa sonrisa—, que comprendes totalmente las fuerzas fundamentales de la realidad y así sabes de modo cabal cómo conseguir aquellas cosas que deseas, cualesquiera que sean, y por las que nunca más vas a tener necesidad de esforzarte, buscando y aferrándote a ellas ciegamente, sino que podrás esperar con conocimiento de causa y con alegría los resultados seguros de tu propia bondad. Lo que intento decirte, y que me resulta difícil expresar de modo que puedas entenderlo, es esto: ¿Qué te parecería estar totalmente libre de esa emoción que os molesta tanto, esa emoción que os hace tan infelices y frustrados —hizo una nueva pausa para encontrar palabras— ¿qué te parecería no desear ya más cosas?

Esta idea era infinitamente más difícil para mí, pero sentí inmediatamente y con exactitud lo que quería darme a entender, más por las caricias de su mano que por sus palabras. No se refería en absoluto a cualquier tipo de deseo, ya que, por ejemplo, intuí que él "deseaba" que yo lo entendiera, y también deseaba que yo fuese feliz; se refería más bien a aquellos deseos que diariamente, momento tras momento, alteraban mi corazón, arruinaban mi paz, me impedían sentir la satisfacción y felicidad que el deseo mismo se supone que debe colmar. Después tuve el breve sabor de esa sensación de la que hablaba y fui llevado de la habitación de la danza a un cielo azul pálido: mi mente era tan libre y espaciosa como ese cielo mismo, y cuando pensé en mi vida en adelante, me parecía que no podría ser nada más que tranquilidad y felicidad. Sentí la palma de su mano desnuda en mi frente, como si fuera la de una madre que alivia la fiebre de su niño poniendo una tela húmeda en su mejilla.

—Y lo contrario —dijo después con una voz que ahora sonaba como todos los pájaros del Jardín al final de la noche, cuando el Sol está próximo a salir—. Imagina ahora algún suceso o algún encuentro con alguien que haya sido desagradable. Algo no ha salido según tus planes o alguien te ha hablado con dureza. Imagínate a ti mismo incapaz de conseguir algo que necesitas. Imagina que respondes con ecuanimidad perfecta; comprendes exactamente las causas reales de estos sucesos, sabes lo que los produce, sabes cómo terminarán y, de momento, sencillamente, los observas, con tristeza quizás, pero no con esa emoción que vosotros llamáis...desagrado.

De nuevo, volví a ser consciente del vasto espacio que había entre la manera de pensar de este ser dorado y el modo en que pensaba yo. Intenté imaginar cómo sería no volver a sentir desagrado; instintivamente me percaté del sentido más preciso de sus palabras, sabía que a él, a su forma iluminada, le desagradaba el hecho de que yo y aquellos a mi alrededor sufriéramos, pero entendía que su desagrado era más bien una forma de compasión, que su interés por nosotros sólo podía ser dulce y saludable en un corazón como el suyo, y que era incapaz de sentir la confusión y el dolor que nosotros sentíamos ante alguna persona irritante, o cuando alguna circunstancia indeseable aparecía en nuestra vida.

Me parecía inteligente que no dijera: "Imagina lo que sería no sentir dolor", o: "Imagina que no te importara sentir dolor", sino al contrario: "Imagina lo que sería si, al llegar el dolor, comprendieras perfectamente las causas profundas de la realidad que te lo trae, y tuvieras una paz mental serena y bien fundada, al tratar de resolver con alegría estos y otros dolores para siempre".

Y, de nuevo, este pensamiento liberó aún más mi mente, como si ahora pudiera salir volando desde el azul hacia las estrellas del cielo. Imaginé una vida entera por delante de mí, con la mente completamente liberada de esos pensamientos y emociones que me habían hecho vivir en un lugar tan infeliz, y ahora tenía tanto espacio libre, tanto tiempo libre en mi mente para amar, para crear, y para dar a los demás. Me encontré mirando fijamente las ramas del algarrobo, transportado, transfigurado, ajeno incluso a Maitreya mismo.

—Espera un poco —rió levemente, feliz con mi delicia— es incluso mejor. Y coloqué mis ojos y corazón en el suyo de nuevo.

—Imagina conmigo —dijo sonriente— un mundo en el que eres un niño, un niño feliz e inocente, esperanzado. Caminas por la vida abierto y complaciente, feliz por aprender de todos los que te rodean. Cada vez que te encuentras con alguien puedes aprender alguna lección, dulce y preciosa, sabes cómo escuchar con cuidado, como si fuera el sonido de un único pájaro que canta en el desierto, e ineludiblemente se te concede algún diamante o rubí a modo de una comprensión que todavía llena más tu ya de por sí repleto corazón. Todo el mundo es tu estimado maestro, todos te proporcionan alguna joya para tu vida. De nuevo, a duras penas sé cómo explicarlo con palabras que puedas entender, pero lo que quiero decir es: imagina que durante el resto de tu vida tu mente está totalmente limpia de la emoción … ¿cómo la llamáis ahora? Me miró con picardía, como suponiendo que yo adivinaría la palabra, pero mientras describía su opuesto me resultaba tan poco familiar que me encontré perdido, hasta que finalmente dijo: "Orgullo".

Honestamente, no podía esperar vencer a este compañero querido y constante, pero sí entendí la idea de la receptividad del niño, y sentí dicho pensamiento como un precioso regalo que algún día en el futuro quizás pudiera desvelar, escondido en algún lugar en el sendero de mi vida. Maitreya era contagioso. Me sentía bien, feliz.

—Ahora cierra los ojos —continuó, y yo sentí las cálidas puntas de sus dedos tocando ligeramente mi rostro y mis párpados—, imagina que has llegado a una comprensión perfecta de las claves de la existencia: nada es un misterio para ti, conoces las causas reales detrás de cada suceso, conoces las conexiones profundas y escondidas entre todas las cosas existentes, sabes lo que la gente ha buscado conocer a lo largo de la existencia de todos los mundos, sabes por qué sucede cada cosa, sabes por qué piensas cada pensamiento, sabes por qué sientes cada dolor y conoces la solución perfecta a todos ellos, o más bien, comprendes con precisión los principios que guían y que realmente mueven todos los reinos y ningún acontecimiento es inexplicable para ti, ningún problema se queda sin solución.

»En resumen, sabes exactamente cómo actuar para obtener tanto la felicidad ordinaria como la última, tanto para ti como para todos los que te rodean. Tu mente está totalmente libre de la emoción… ¿Cómo la llamamos? Es esta gran dificultad de todo lo vivo para comprender la vida misma; es el estado mental que cree que para recibir, uno debe tomar en vez de dar; es el estado mental que cree que para ser verdaderamente feliz uno debe satisfacerse a sí mismo y no a los demás; es la malinterpretación absoluta de cómo son las cosas que lleva a los hombres a destruir completa y metódicamente, a lo largo de sus vidas, la misma felicidad a la que consagran su existencia. Es, en una palabra —y la pronunció como si escupiera en ella— "ignorancia", la ignorancia de cómo funciona la realidad.

Puesto que, de hecho, yo apenas sabía cómo funcionaba la realidad, tuve que admitir que la ciencia de la comprensión de esta realidad debía estar aún muy retrasada en mi mundo —de hecho, todos los que vivimos aquí estaremos de acuerdo en que buscamos el secreto de la felicidad, pero lo único que nuestro conocimiento presente nos ha traído ha sido guerra, odio y miseria— por ello, sólo pude intuir lo que Maitreya estaba describiendo. Pero, de nuevo, un leve toque con las puntas de sus dedos, y sentí que me bendecía con una cierta comprensión: era posible la existencia de ciertas leyes de la realidad, y si las comprendíamos plenamente podríamos utilizarlas para liberarnos de todo el sufrimiento. Esto me llenó de serenidad y me dejó maravillado: de repente me sentí abrumado por la sed de conocer más acerca de dichas leyes.

—Y nunca dudes, mi amor —ya me estaba acostumbrando a estas expresiones y, de hecho, sentí una atracción mayor hacia el estado de mente que las producía— no dudes —añadió— de que es posible conocer estas cosas, y que hay seres a tu alrededor que las conocen y están preparados y dispuestos para guiarte hacia este conocimiento capaz de traerte libertad y felicidad absolutas. Así, imagina, querido mío, poder pasar el resto de tu vida libre del escepticismo y la duda acerca del Sendero espiritual, que ha dejado a muchos escépticos inteligentes completamente indefensos ante la muerte.

Sentí que tales dudas no eran un gran problema para mí, principalmente gracias a la fe que tenía en Ella y en este santo lugar, así como por el impulso constante que me hacía volver aquí en busca de mi vida. Pero me dí cuenta de que los contados buenos hábitos espirituales que cualquiera de nosotros puede lograr se pierden fácilmente, y me determiné a apreciar y defender mi confianza en que debe haber un Sendero y debe haber guías a lo largo de este sendero; eso me hizo pensar en Ella.

Maitreya respetó esta desviación, vio el final de la misma, lejos en el futuro, y permaneció un rato callado. Nos sumergimos en el calor del verano de las rosas, mandarinas y ciruelas, en la fragancia que esta inesperada temperatura había infundido a la vida del Jardín. Creo que debí incluso dormirme allí en la hierba, al final del invierno, bajo la manta del amor puro e indiscriminado que emanaba de su mente.

Luego, acercó la boca a mi oído para decirme:

—Mañana volverás a tu trabajo, a tus estudios y escritos, pero en mitad de ellos recordarás las palabras que ahora te digo. Te detendrás en el bullicio del día para hacer una pausa e imaginarás, finalmente, tu mente libre para siempre del peor de los más peligrosos pensamientos: los intelectuales: los que buscan un sendero, pero de manera equivocada, y que pueden devolverte a la misma oscuridad de la que ahora has escapado parcialmente.

»Son ideas como sostener que no seguirás después de la muerte, que no provienes de una causa pasada, que no hay conexión entre las cosas buenas y malas cosas que haces, y las experiencias buenas y malas que vienen después, o que los modos dañinos de actuar hacia los demás, el perjudicarte a ti mismo o el seguir creencias indefendibles y no examinadas puedan llevarte algún día hacia algún objetivo espiritual. Imagina en este momento tu mente pura, limpia y poderosa, que busca, encuentra, examina, concluye, persevera... y obtiene.

—Un postre adecuado —dije adormecido— para la comida excelente con la que has alimentado mi corazón esta noche. Y te prometo —susurré— que haré funcionar mi mente tal como dices, que la apartaré para siempre de los pensamientos y emociones negativas que roban mi espacio de vida y felicidad, y que sólo seguiré los buenos pensamientos, pues me has proporcionado el sabor dulce de lo que yo podría ser sin ellos: libre, verdaderamente libre.

Sentí sus manos en mi espalda frotándome con viveza arriba y abajo, casi de la cabeza a los pies, en un inocente estallido de afecto:

—Muy bien, querido, esta noche has caído en la cuenta de lo que es la Libertad real que, como dices, significa ser libres de estos venenos mentales, tener libertad eterna para encontrar y permanecer en una serenidad completa e interminable. Pero reconocer estos venenos como lo que son, comprender que los pensamientos que, paradójicamente, tendemos a estimar y defender con todo nuestro ser son en realidad la fuente de todo sufrimiento, no es suficiente.

»El día de mañana descubrirás, antes de lo que crees, que no puedes eliminar estas emociones negativas sólo por desearlo, ni aunque te esfuerces sinceramente. Espontáneamente anhelas unas cosas de un modo ignorante, otras te desagradan de un modo ignorante; sientes envidia, orgullo, y tienes dudas sobre muchos aspectos del Sendero, incluso sobre este encuentro, sobre mí mismo y tu preciosa Dama. Progresarás, e incluso aquí, esta noche, has progresado, y yo me alegro, porque veo que cada vez te acercas más.

»Pero al final, sólo hay un modo de eliminar para siempre de tu mente estos enemigos, estos pensamientos.

Sabía que este ser de luz, Maitreya, estaba a punto de impartirme el secreto para alcanzar la Libertad, y por supuesto este era el objetivo de toda mi existencia; pero tal y como sucede en tales momentos, en los momentos más esenciales de nuestras vidas, estaba casi inconsciente, adormecido por la gran esfera de oro que abrazaba el Jardín y mis pensamientos, y apenas le oí afirmar, creo que le oí decir: "Por favor, querido mío, debes llegar a comprender por tí mismo el estado santo de la vacuidad".

Las Acciones y sus Consecuencias

Los siguientes meses no fueron propicios para regresar al Jardín. El encuentro iluminador con un ser Iluminado —Maitreya en persona— me había dejado mucho en lo que pensar, tanto que ni siquiera era capaz de formular preguntas adicionales. Pasé toda la primavera revisando la condición de mi existencia: dediqué mucho tiempo a investigar y confirmar el hecho de que la naturaleza de mi mente era incapaz de sentirse satisfecha con nada de lo que tuviera; al poco tiempo me sentía inquieto y ya deseaba otra cosa, bien fuese un objeto o una persona, en el caso de una relación. Siempre había asumido que algo funcionaba mal en mí, que era una mala persona por sentir esta necesidad de cambio, pero ahora estaba intrigado con lo que Maitreya había descrito en varias ocasiones como la causa real: fuerzas especiales "ya puestas en movimiento", un poder que estaba más allá de mi control. Había hablado de fuerzas que producían el mundo en el que vivía, así como a mí mismo y mis propios pensamientos, todo tipo de dolor y sufrimiento, e incluso esa incapacidad de sentirme satisfecho.

Cuando le había preguntado acerca de tales fuerzas sólo había mencionado diversos tipos de pensamientos "venenosos" —así los había llamado— que, de hecho, motivaban la mayor parte de mi vida: envidia, querer unas cosas, sentir desagrado por otras, orgullo y demás. Intenté encontrar una conexión entre estos pensamientos venenosos y los sufrimientos de mi reino, pero faltaba algo. Como siempre, me acordé de mi madre, esa buena mujer que había llevado, en general, una buena vida. Yo sabía muy bien que había sufrido intensamente por culpa de un cáncer que la consumió hasta devorar su corazón; pero de toda la gente que yo había conocido, sentía que quizás ella era la que menos poseía esos venenos mentales: raramente había manifestado odio o envidia, amaba a casi todos los que estaban a su alrededor y era correspondida por ellos, había consagrado la mayor parte de su vida a enseñar a sus hijos las virtudes de la mente y de la conducta. Podía entender por qué aflicciones mentales como la envidia arruinaban nuestra paz mental, pero me resultaba difícil comprender de qué manera podían causar enfermedad, guerra, pobreza o la muerte.

Los días más cálidos del desierto ya habían pasado, aunque el sol seguía calentando la tierra y el aire, cuando regresé al Jardín, cargado con nuevas preguntas. Cuando llegué no estaba de humor para dulces visitas de ángeles santos, más bien me sentía como un boxeador en el cuadrilátero, listo para el ataque y la defensa que supone el pensamiento verdadero entre dos personas. Y no me sentí decepcionado, ya que tan pronto como me senté en el banco, entró por el portalón Su Santidad Gendun Drup, el primero de los Dalai Lamas.

Había nacido quinientos años antes en el agitado interior del Tíbet, hijo de padres nómadas, y cada uno de sus movimientos mostraban autoconfianza y decisión. Lo primero en llamar la atención era su pecho poderoso, sobresaliendo ligeramente de entre sus hábitos, y sus brazos fuertes y musculosos a pesar de estar él próximo a los sesenta. Tenía los ojos muy abiertos, destellando con inteligencia, y su frente estaba surcada por profundas arrugas, huellas que reflejaban años de intensos pensamientos, que podían haberse confundido con grandes cicatrices debidas a heridas de espada. Con un solo movimiento me saludó, se acercó al banco, y se sentó en la hierba, enfrascado en sus pensamientos, y soltando sus desarreglados hábitos.

—¿Qué es lo que mueve este mundo? —exclamó de repente, dejándome sin palabras.

Se inclinó hacia mí de un modo emocional y feroz, respirando con pesadez, casi directamente en mi rostro, esperando una respuesta.

—No sé, esto es lo que he venido a preguntar, no estoy seguro, pero creo que quizás…

—¡Yo creo! ¡Quizás! ¡No estoy seguro! Bien, te lo voy a decir: son los malos pensamientos ¡Eso es! ¡Los malos pensamientos y los actos que te obligan a hacer! ¡Eso es! Y se sentó triunfante, como si hubiera destrozado a un gran oponente en un notable debate filosófico, en lugar de a mi sencilla y estupefacta persona.

Quería preguntarle cómo funcionaba todo, pero sentí un ligero temor por interrumpirle y me resistí. Pareció funcionar, ya que de repente estalló de nuevo, moviendo su dedo hacia mí:

—Tenemos que descubrir la conexión: lo que te impulsa a hacer cosas, lo que haces, y por qué el mundo termina siendo tan terrible como es.

Asentí y esperé; me miró y discurrió.

Estalló de nuevo:

—¡Dónde crees que empieza todo!

—Discúlpame, ¿qué es lo que empieza…cómo empieza qué? —pregunté de modo tímido. El sabía cómo sacarte de quicio o preguntarte lo último que pensabas que podía preguntar, dejándote sin palabras y agitado, mientras se sentaba mirando fijamente tu rostro, esperando una respuesta que, desde luego, le resultaba muy obvia.

—¿Qué nos impulsa a hacer lo que hacemos y a decir lo que decimos?

Pensé un momento, y esto, afortunadamente, me inspiró para dar una respuesta relativamente rápida:

—Pensamos hacer o decir algo, y luego lo llevamos a cabo. Todo empieza con el pensamiento.

La boca del Dalai Lama se abrió, como si estuviera sorprendido de que pudiera dar la respuesta correcta, y luego irradió una gran sonrisa que era su gran regalo por aquella y las demás preguntas que intuía llenarían la noche:

—Esto es… ¡correcto! ¡Tienes razón!

—¿Cuántos? —inquirió rápidamente, observándome de nuevo y, desde luego, esperando una respuesta instántanea.

—Perdona, cuántos… ¿cuántos qué? —susurré, temiendo su desaprobación.

—Pensamientos, desde luego —parecía sorprendido por mi incapacidad de seguir sus pensamientos, aunque no había reparado en expresarlos con palabras, igual que no reparaba tampoco en su manto de monje, que ahora estaba desparramado por todo el banco de tanto como agitaba los brazos—. ¿Cuántos pensamientos puede uno tener en el tiempo que tardo en chasquear los dedos? —y lanzó su mano hacia mi rostro con un chasquido, como han hecho los grandes debatidores durante miles de años para desconcertar a sus oponentes.

Pensé, y después tuve la inspiración de intentar medir mi pensamiento. Concluí con que un pensamiento cada cinco chasquidos:

—Unos cinco chasquidos —contesté confiado— un solo pensamiento lleva unos cinco chasquidos.

Se apoyó en el banco, y cruzó sus brazos poderosos sobre su ancho pecho, que ahora ya emergía totalmente de su vestimenta superior. Su rostro me observaba apenado como si sintiera un gran dolor, con las comisuras de su boca caídas:

—¡Piensa, piensa! —dijo— no me refiero a pensamientos completos, pensamientos que empiezan y terminan, como una frase, decisiones o preguntas. ¡Quiero decir los esbozos de pensamiento o impulsos que activan el hacer o decir algo en un momento de enfado o pasión! ¡Estos son los pensamientos que lo empiezan todo! ¡Estos son los primeros movilizadores de las grandes fuerzas que crean los infinitos reinos de nuestro universo! ¡Dime ahora, y esta vez piensa!

¿Cuántos pensamientos hay en el tiempo que dura...? —y volvió a llevar el puño hasta debajo de mi nariz, y chasqueó sus poderosos dedos.

De nuevo me aturdió, pero esta vez él no esperaba que le respondiera en absoluto:

—¡Sesenta y cinco! —anunció como si proclamara una verdad que salvaría al mundo, y seguramente sería así—. Tu mente pasa por sesenta y cinco pensamientos completos en el tiempo que me cuesta...— levantó el brazo, y yo cerré los ojos, esperando que volviera a estallar, pero sólo hubo una pausa sobrenatural. Los abrí y le vi, con el brazo aún levantado, y los dedos listos para chasquear, aunque no lo hicieron, ya que su mente se había adelantado y él había olvidado, como sucedía tan a menudo, que su cuerpo debía ir a la par de su mente.

Me miró con interés:

—¿Te das cuenta de que cada pensamiento deja una impresión, una impresión clara y duradera sobre tu mente?

Esto me parecía razonable, ya que me había ocurrido alguna vez que pensamientos como una fuerte sensación de enfado me habían durado días.

—¡Ese tipo de impresión no! rugió: era tanta su experiencia en el arte del debate filosófico, que siempre se anticipaba al siguiente movimiento que haría la mente de su contrincante—. ¡Estoy hablando de impresiones del mundo!

Mi timidez me impidió preguntarle lo que era una impresión del mundo.

—Una impresión del mundo —dijo con una cierta condescendencia, y como si se dirigiera a un niño pequeño y, desde el punto de vista espiritual, yo lo era para él— ¡es una impresión en la mente que crea tu mundo, que te hace ver cada lugar y cada persona que vas a experimentar en esta vida, así como sus respectivos detalles!

Sus ojos de debatidor observaron los míos, se fijaron en cómo desvié ligeramente la mirada al intentar comprender sus palabras, y se hicieron una idea exacta de cuánta ayuda necesitaba yo.

—Ahora imagina —empezó con un ejemplo— que el encargado de la biblioteca donde trabajas durante el día te acaba de reprender delante del amo de la hacienda y todos los criados por algún error que hayas cometido. Sientes un agudo ataque de odio y le respondes con palabras de enfado.

»Piensa en ese agudo instante de enfado y en cómo deja una impresión, cómo siembra una semilla en la misma mente. ¡Y qué sabemos de esas semillas! —dijo, casi gritando; aunque ahora yo ya me estaba dando cuenta de que ésta era su manera de ser, y me relajé.

—Bien —dije, esperando que mi respuesta fuese la deseada por él, aunque me parecía demasiado simple para serlo—, las semillas crecen y dan plantas.

De nuevo me recompensó con esa sonrisa reveladora, que brilló hacia mí con todo el poder mental que había convertido su cuerpo en esos pedazos de músculos.

—¡Correcto! ¡Tienes toda la razón! ¡Buena idea! —y de nuevo se quedó pensativo.

—No obstante, ¿de qué modo actúan las semillas? —dijo, mirándome de reojo, como si me preparase alguna trampa.

—Bien, supongo que lo primero que podemos decir —contesté sin pensar demasiado— es que las buenas semillas producen buenas plantas y las malas semillas producen malas plantas. Es decir, la semilla de una fruta dulce nunca producirá un pimiento picante; y la semilla del pimiento picante nunca puede producir un árbol de frutos dulces.

Su boca se abrió de nuevo mostrando sorpresa y sus ojos se encendieron:

—¡Otra vez correcto! ¡Completamente correcto! —me sentí muy bien.

»Y así, si la impresión o semilla es plantada en la mente por un pensamiento desagradable o por un pensamiento perjudicial, podemos decir con toda seguridad que ningún buen resultado vendrá de ella; que esta impresión del mundo jamás podrá crear en el nuestro algo agradable, ¿verdad?

Parecía totalmente lógico y asentí.

—¡Bien! —exclamó, como si yo hubiera llevado a cabo una empresa difícil—. Y ahora... ¿qué más podemos decir sobre el modo en que actúan estas semillas?

Intenté pensar en las semillas, y recordé la cabaña en las montañas, en el norte del desierto, donde de niños solíamos ir. Una tormenta de viento había hecho caer un gran pino sobre el techo, y mi padre me hizo subir al tejado con un hacha en la mano para cortar las ramas y evitar así que las vigas cedieran bajo el peso. Recordé que mis piernas temblaban, ya que me siento muy incómodo en las alturas. Recordé haber mirado mi bota y haber visto una diminuta semilla de pino caída de una pequeña piña atascada allí en la lluvia; pensé para mí que si yo hubiera estado allí cuando la semilla de este gran pino brotó del suelo, la hubiera arrancado y lanzado contra las rocas, y ya no tendría que vérmelas ahora con un árbol cuyo peso era quizás un millón de veces mayor que aquella semilla de donde surgió. Así que respondí al Dalai Lama:

—Las semillas son pequeñas; empiezan diminutas; pero lo que crece de ellas puede ser infinitamente mayor, millones de veces más grande que las semillas mismas.

Lanzó los brazos hacia arriba, como si acabara de ganar una carrera contra una multitud de poderosos oponentes, y estalló con una exclamación de victoria:

—¡Correcto de nuevo! ¡Perfecto! ¡Fantástico! Y así sucede con las semillas de la mente, con las impresiones que nuestros pensamientos depositan en ella: una pequeña impresión se convierte con el tiempo en un resultado gigantesco si es nutrida, y también es responsable de la creación de grandes acontecimientos tanto en nuestras vidas como en nuestro mundo.

»Las semillas mentales funcionan igual que las semillas físicas: ¿cómo podríamos esperar que fuese de otro modo? Piensa en un niño que lee un libro inspirador y éste le modela el resto de su vida. Piensa en un puñado de hombres sentados alrededor de una mesa, formulando ideas que darán forma a una gran nación durante los siguientes siglos. Este es el poder de las semillas de la mente.

Se sentó y me volvió a mirar, supuse que volvía a esperar la respuesta a una pregunta que una vez más se le había olvidado formular en voz alta; así me aventuré a creerlo, puesto que él parecía satisfecho cada vez que le respondía, pero se enojaba ante cualquier atisbo de silencio.

—Hay algo más sobre las semillas —dije, pensando aún en el gran pino—. Si no se plantan, simplemente nunca crecen.

El primer Dalai Lama empezó a botar arriba y abajo sobre el banco, golpeando con sus palmas las aterrorizadas tablillas de madera que constituían su parte superior. Luego aplaudió con placer, como un niño:

—¡Así es! Si no tienes un mal pensamiento, no dejas ninguna impresión para producir un mundo malo. Pero pierde un buen pensamiento, y todos nosotros perdemos una impresión para construir un buen mundo. ¿Tengo razón? —preguntó retóricamente, y me volvió a mirar fijamente, pero esta vez yo estaba listo.

—Puedo pensar en alguna cosa más —dije animado, y descubrí que ahora yo también estaba de rodillas sobre la hierba—. Una vez que ha sido debidamente plantada una semilla, si es buena y recibe agua, luz del sol y la protección necesaria, ninguna fuerza en el universo podrá impedir que se transforme en un árbol.

—Lo conseguiste —vociferó con agrado—. Aquí tenemos los cuatro principios de una semilla, tanto en el suelo como en la mente: las buenas semillas crean buenos resultados y las malas, lo contrario; las semillas siempre se transforman en algo mucho mayor que ellas mismas; las semillas que no se han plantado nunca crecen; y las semillas plantadas y bien nutridas, necesariamente han de crecer.

Luego miró a un lado, hacia el arbusto de rosas en la pared norte del jardín; instintivamente hice lo mismo, pensando que quizás Alguien más había venido. Pero sólo era su manera de pensar, y permaneció suspendido, medio girado durante varios minutos. En el silencio, una serie de pensamientos se repitieron en mi mente. Podía comprender que estas acciones, lo que pensaba, las palabras que decía o los actos que cometía, podían dejar impresiones en mi mente, pero me resultaba difícil entender que dichas impresiones pudieran tener alguna influencia en la creación del mundo y de la gente a mi alrededor. No obstante, presentí que él ya se había anticipado a estos pensamientos, y esperé pacientemente su exposición. De nuevo, volvió su rostro hacia mí.

—Esto es un poco difícil —empezó—, pero irás aprendiendo y lo tendrás más claro. Por ahora imagina que tu mente es como un cristal claro. Cuando te ves a ti mismo pensando algún pensamiento, diciendo o haciendo algo, una mancha diminuta queda colocada en el cristal, como un pequeño punto de color. Imagina, no obstante, que esta mancha está en un rincón de tu mente y aún no eres consciente de ella. Pasa el tiempo y la mancha, esa semilla en tu mente, empieza a madurar, es decir empieza a invadir tu consciencia. A medida que brota, crece como todas las semillas, y pronto cubre por completo el cristal de tu mente con algunos patrones de color y forma. Otras semillas se disparan en la mente en rápida sucesión, cubriendo el vidrio y formando un caleidoscopio entero de patrones sucesivos coloreados, dando una ilusión de movimiento a la mente. Los patrones sugieren a la mente objetos diferentes: una forma grande que se acerca por la puerta, una boca oval que se abre y desde su apertura emite sonidos duros. Así, la mente es llevada a percibir a un encargado de la biblioteca donde uno trabaja, echándote una reprimenda por algún error.

Pensé un momento y pregunté:

—Puedo entender que de ese modo se pueda formar una única imagen, digamos la percepción de una fruta o una flor. Pero del modo que lo describes, parece que miles de impresiones mentales o semillas hayan de madurar en un solo minuto, dada la vasta variedad del mundo que vemos ante nosotros en una sola mirada y el suave fluir del tiempo que percibimos.

Esta vez no hubo respuesta, sencillamente me miró a los ojos esperando que llegara a entenderlo por mí mismo. Y tal como era de esperar, pensé en sesenta y cinco distintas impresiones comprimidas en la mente por los rápidos impulsos sentidos durante un chasquido, y multipliqué cada una de estas impresiones o semillas por millones de veces, del mismo modo que el peso de la semilla de pino se multiplicó por millones de veces cuando se transformó en un poderoso árbol. Era del todo posible, pues, que dichas semillas pudieran crear los muchos millones de pequeñas informaciones que se requieren para crear y mantener las percepciones de mi mundo, incluso durante un minuto. Pero ¿qué sucede con el contenido de esas impresiones? ¿Qué explica las buenas y malas experiencias de mi vida?

Mis labios se separaron, empecé a hablar, pero en el mismo instante se llevó la mano a la barbilla, con la palma hacia fuera, y comprendí que esto también debería descifrarlo yo mismo. ¡Por supuesto! Ya me había enseñado, o más bien, ya me había llevado a aprender por mí mismo. Si las impresiones eran buenas, las experiencias eran buenas; si las impresiones eran malas, las experiencias igual. Las semillas de ciruelas hacen crecer ciruelas dulces, las semillas de limón hacen crecer limones agrios, y nunca será de otro modo. El dolor en mi vida provenía de algo perjudicial que había pensado, había dicho o había hecho, y que había sido doloroso para otro ser. En aquel momento empezaron a abrirse ante los ojos de mi mente reinos enteros de comprensión; docenas de preguntas, las preguntas de toda una vida, se respondieron de un solo golpe. Pero inmediatamente surgió una duda.

—¿Pero y mi madre? —pregunté—, una persona casi limpia de cualquier mal pensamiento, palabra o acto perjudicial, una persona que ciertamente no podía haber plantado ninguna semilla en su mente tan poderosa y terrible como para soportar durante años la percepción de los cánceres que atormentaban su cuerpo y que finalmente destrozaron su corazón?

Con firmeza, pero de un modo suave contestó:

—¿Te ha dicho alguien que fue ella quien plantó las semillas?

—¿Quieres decir que otra persona puede plantar impresiones en mi mente y que estoy obligado a experimentar los resultados de los actos de otra persona? ¡Es ilógico e injusto! —objeté.

De nuevo, con suave firmeza, como si me estuviera guiando a lo largo de un gran precipicio siguió:

—No es esto lo que quiero decir, ya que es del todo imposible para nosotros plantar impresiones del mundo en otra mente aparte de la propia.

De repente, empecé a comprender; era doloroso saberlo, pero a la vez era un alivio, ya que me di cuenta de otra gran verdad:

—¿Hasta cuando? —dije simplemente, sabiendo que entendería la pregunta.

—En ciertos casos estas impresiones, las impresiones del mundo, pueden madurar en la mente y hacernos ver ciertos detalles de éste y de la gente que conocemos antes incluso de que el cuerpo muera; es decir, antes de que la mente prosiga hacia otro reino. Pero a menudo, este no es el caso, y así transportamos en nuestras mentes, a través de la muerte y el más allá, un número casi infinito de impresiones apiñadas en ella por los pensamientos, palabras y actos tanto de ésta como de nuestras existencias previas. Tu mundo, tu percepción del mundo y todas las experiencias de tu vida, externas e internas, fueron puestas en movimiento en un pasado del que no tienes una memoria consciente. Y es por esto —dijo mirando mi rostro con sus ojos inteligentes bien abiertos y brillantes de lágrimas— por lo que la buena gente sufre.

Asentí, y tuve una sensación de gran alivio al encontrar una respuesta tan clara y simple, como creía que debía ser, a una pregunta que se han planteado en un momento u otro todas las mentes humanas que han poblado el planeta sobre el que estamos en este momento. Más tarde me sobrevino otra pregunta:

—¿Por qué algunas impresiones en la mente son más fuertes y sus resultados más violentos que otras impresiones menores? ¿Por qué una impresión puede causar años de sufrimiento por un cáncer y otra tan sólo un corte en el dedo?

Su humor sombrío cambió ligeramente, y el debatidor empezó a surgir de nuevo.

—La vida es sagrada, y cada una es igual de importante pero, por ejemplo, ¿qué es peor, matar a un gran doctor, capaz de salvar muchas vidas, o a un perro callejero?

—Sería más perjudicial matar al doctor —respondí.

—Y en consecuencia la impresión sería más fuerte —replicó el Dalai Lama—. Esto también se aplica a aquellos que te han ayudado: tus padres, por ejemplo, y especialmente tu Maestro del Corazón. Cualquier ayuda o perjuicio que causes a estas personas crea una impresión extremadamente profunda.

—Esto es cierto en el caso de mis propios padres, que me proporcionaron un bien incalculable a lo largo de sus vidas. Pero tengo amigos cuyos padres no fueron tan cariñosos, por lo que, en su caso, supongo que la impresión sería mucho más ligera.

Esta vez no hubo una sencilla mirada de desaprobación, sino que todo su poderoso rostro se encendió con enojo:

—Sólo con una mente y un cuerpo como el que ahora posees —susurró, aparentando hacer un gran esfuerzo por controlarse— puede uno pensar, razonar claramente y aprender el Camino espiritual para escapar del sufrimiento que ha atormentado a un número infinito de criaturas vivas desde tiempos sin principio. Por lo tanto, el mero hecho de participar en la creación de tu cuerpo y mente hace que tus padres se encuentren entre los seres más santos de tu universo, independientemente de su comportamiento general hacia ti. Una vez plantadas las impresiones son muy difíciles de cambiar, por lo que te aconsejo, si deseas tu propio bien, que estudies estos temas con más cuidado y no pienses disparates como éste.

Se calmó un poco y continuó:

—Otros factores hacen que estas impresiones sean fuertes o débiles. Una de ellas, obviamente, es tu motivación. Tal como has aprendido, existe la idea errónea, muy común en el mundo, de pensar que, puesto que el cuerpo acaba, la mente acaba también. La gente no es consciente de que la mente prosigue y que, muy a menudo, se dirige a algún lugar terrible y doloroso. Ha habido ejemplos en la historia de la humanidad de personas que mataron a sus padres porque eran viejos y sufrían gravemente y quizás incluso ellos mismos pedían la muerte. Cuando un hijo comete un crimen así, uno de los peores que alguien pueda cometer, la impresión es de algún modo menor de lo que hubiera podido ser en otro caso, puesto que su motivación, a pesar de ser equivocada, era salvar a su padre o madre del sufrimiento. Esto también sería aplicable a aquellos casos en los que hacemos algo por accidente o por impulso, sin una clara premeditación.

»Como ves, plantar estas semillas o impresiones en la mente obedece a cómo la gente percibe los actos, palabras o pensamientos que hace, dice o piensa, mientras procede a llevarlos a cabo. Y así, otro factor es la identificación: ¿nos damos verdadera cuenta de la identidad de la persona a la que estamos ayudando o perjudicando? Hay, por ejemplo, tierras en este mundo donde la gente no comprende que la mente entra en el cuerpo durante la concepción, al unirse el óvulo de la madre y el esperma del padre. Es así porque confunden el crecimiento de la piel, huesos y sangre del cuerpo con el desarrollo de la mente, que es completamente diferente de cualquier cosa física, porque es invisible, lúcida, consciente, sin peso, inefable, inmedible. Así no consideran un crimen dar muerte a un feto, ya que no lo consideran algo vivo. De nuevo, la impresión terrible y de largo alcance que inevitablemente llegará a ser, es ligeramente menos fuerte que en otros casos, ya que estas personas se han confundido al identificar a un ser consciente por lo que es. Ahora, dime ¿qué otra cosa en nuestra intención o motivación hace que un acto particular, palabra o pensamiento, sea más grave que otro y produzca una impresión mucho más profunda?

Por lo avanzado de la hora parecía que el primer Dalai Lama se había suavizado ligeramente, y así me sentí menos presionado para responder de inmediato. Tras un rato dije:

—Supongo que si un acto se comete con emociones muy fuertes, como el deseo ardiente o el odio, o con una abrumadora compasión y amor, esto podría crear una impresión mucho más fuerte.

—¡Tienes razón! —rugió, y sentí una punzada de contrariedad por el despertar del león, ya que me instaba a pensar un poco más rápido de nuevo:

—¿Y qué hay sobre si haces algo o no?

Estaba un poco confundido:

—¿Qué quieres decir? Pensaba que estábamos hablando de cosas que la gente decía, hacía o pensaba.

—Quiero decir: ¿qué sucede si planeas un asesinato, pero nunca lo llevas a cabo? —dijo, con algo más que un toque de impaciencia.

—Bien, supongo que no hay impresión— respondí descuidadamente, pero cuando el vacío se abrió ante mí salté hacia atrás. Quiero decir, supongo que sólo queda la impresión de la intención, de planear el asesinato, pero no del acto en sí, de apuñalar a la otra persona o algo parecido —ante mi alivio dejó pasar aquel resbalón y siguió:

—Correcto. Y ahora, supón que clavas el cuchillo, ¿se planta la impresión o semilla de matar a otro ser en tu mente?

—Bien, no necesariamente —dije—. Supón que la persona no muere. Supón que sólo le causas una herida o se recupera.

—¡Correcto, de nuevo! —estalló el Dalai Lama—. Así comprendes que para que una impresión sea perfecta, para que una semilla sea sublime o maligna y quede perfecta y profundamente plantada, y se transforme en un mayor acontecimiento en nuestro futuro, el acto, palabra o pensamiento que la planta debe dirigirse a un objeto importante; uno debe tener una motivación y premeditación claras; uno debe conocer el objeto por lo que es; y uno debe mantener una emoción constante mientras comete el acto. También debemos llevarlo a cabo tal y como deseamos, completarlo tal y como deseamos, y ser conscientes de la consecución y atribución del acto. Una semilla plantada con todas estas condiciones es profunda y poderosa.

—¿Pero, pueden verse afectadas estas semillas? —cavilé—. ¿No son como cualquier otro fenómeno cambiante? ¿No tienen causas? ¿No las afectan otros factores? En el mundo cotidiano se pueden plantar semillas sanas y potentes, pero hay maneras de impedir su crecimiento; las podemos privar de la luz del sol, humedad, quemar el suelo en que yacen, desenterrarlas, o lanzarlas contra una roca hasta destruirlas.

Víctima de una introspección momentánea continué:

—Me parece que en tan sólo unas horas, cualquiera de nosotros debe reunir, literalmente, miles de semillas principales y muchas de ellas negativas, sólo por un momento de irritación con un pasajero en un autocar o con la lentitud del trayecto mismo. Si no hay manera de afectar las semillas —me preocupé con egoísmo— todos estamos destinados, con toda seguridad, a un interminable sufrimiento futuro.

—Así es —dijo con sinceridad el Dalai Lama, mientras observaba cómo yo me sumergía en mis pensamientos tan profundamente que ni siquiera me sobresalté ante su habitual entusiasmo cuando pensaba lo correcto—. Tenemos muchas semillas, un número casi infinito de impresiones en profundos y recónditos lugares de nuestra mente. Si nos pidieran hacer una lista de los pensamientos, palabras o actos negativos que hemos llevado a cabo incluso en las últimas horas, con seguridad olvidaríamos muchos de ellos, puesto que pasan muy rápidamente por nuestras mentes y vidas. Pero cada uno de ellos queda grabado con precisión y sin piedad en el libro de nuestra consciencia. Por tanto, cualquier persona pensante que se haya dado cuenta del poder imponente de estas impresiones y de la gravedad de sus consecuencias, a buen seguro se hará la misma pregunta que acabas de formular ahora.

Con una mirada señaló la posición de la luna, y durante un momento pensé que podría dejarme sin respuesta, pero cuando su rostro encaró el mío, bañado con los haces blancos de aquella luz pura, vi una mirada, lánguida y agradable que casi me recordó a alguien. Pero lo que me decían sus ojos era que aun teniendo que pasar el resto de su vida sentado en aquel banco, el Dalai Lama lo haría con alegría si yo comprendía plenamente las palabras que iba a pronunciar:

—Debes aprender el arte de limpiar las impresiones negativas de tu mente y el de expandir y acelerar las positivas hasta su perfección.

»Este último objetivo lo dejaré para Otro. Yo te enseñaré esta noche el primero, el arte de limpiar las impresiones negativas. Si sigues honestamente el método que te describiré a continuación, puedes eliminar o reducir prácticamente a la nada incluso las impresiones más poderosas. La impresión de haber dado muerte a un hombre, por ejemplo, que normalmente sería causa para que uno fuera asesinado muchas veces, puede reducirse a la impresión que provocaría un breve y desagradable dolor de cabeza.

»La limpieza de las impresiones negativas empieza con el acto de anclarte en la bondad. Se hace trayendo conscientemente a tu mente a los Iluminados y a tu Maestro del Corazón, y dedicándote a su cuidado, a las lecciones que te han enseñado, y recordando el gran servicio que serás capaz de otorgar a cada otro ser vivo, en el caso de que tú mismo domines el Sendero hacia la libertad y puedas impartir este Sendero a los demás.

»El siguiente paso para bloquear las impresiones consiste en pensar cuidadosamente en las consecuencias de lo negativo que has hecho. Puesto que, si todo lo que se ha explicado en este Jardín es cierto, cualquier pensamiento, palabra o acto perjudicial que hayas hecho te producirá un gran perjuicio. Es un tipo de arrepentimiento inteligente que comprende con claridad cuánto dolor te infliges a ti mismo al actuar o hablar negativamente. No es en absoluto la emoción impotente del sentimiento de culpabilidad en el que caéis tan a menudo tú y los tuyos. Piensa, piensa cuidadosamente, de manera lógica y clara, cuánto te perjudicas cada vez que plantas una semilla negativa en tu mente.

»El tercer paso es el más poderoso, y quizás el más necesario. Es la piedra angular por la que puedes juzgar por ti mismo y con antelación si las impresiones que deseas cambiar han sido afectadas o no. Es tu determinación de no continuar con el tipo de pensamiento, palabra o actuación que ha plantado la impresión.

»Y en este punto, entre nosotros, te aconsejo —y aquí el primer Dalai Lama me sonrió por vez primera como si yo fuera su propio hijo, haciendo que todas las incriminaciones previas parecieran sólo un examen deliberado de mi voluntad y sinceridad— te aconsejo que no tomes la determinación de nunca más repetir el acto; jurar, por ejemplo, que nunca más te volverás a enfadar con quien se enfade contigo, porque en tu nivel actual no vas a poder cumplir tu promesa, y sólo empeorarías el asunto: añadirías a la impresión negativa del enfado otra impresión muy grave, el acto de mentir. Date un tiempo razonable; promete, por ejemplo, que no responderás con enfado, digamos, durante las siguientes veinticuatro horas.

»Finalmente el cuarto paso entraña elegir alguna acción que puedas llevar a cabo como antídoto a la impresión, algo para compensar por lo que dijiste, pensaste o hiciste. Si, por ejemplo, hubieses matado a algún ser vivo, conscientemente, en una pelea o batalla, podrías decidir dedicar una parte de tu tiempo durante el resto de tu vida a trabajar en un hospital: a servir y proteger la vida.

»Pero el antídoto más poderoso de todos —dijo Su Santidad, levantándose del banco y recogiendo sus ropas majestuosamente— es aprender, aprender el conocimiento que puede liberarte a ti y a todos los demás de todo dolor. Esto empieza con el tipo de aprendizaje, contemplación y meditación que ya has encontrado aquí en el Jardín, y llega a su manifestación más álgida cuando adquieres una profunda comprensión de cómo funcionan esas impresiones; esto tiene que ver, como verás después, con la relación íntima entre las impresiones y la vacuidad.

»Esta noche te he mostrado lo suficiente como para que te des cuenta de que las impresiones plantadas en tu mente por tus acciones existen de verdad; que juegan un papel primordial en la creación de tu existencia, y que ellas pueden ser, en gran medida, eliminadas de la mente. Ahora depende de ti valorar las implicaciones de lo que hemos hablado. Piensa y hazlo de modo cuidadoso, como si tus vidas y las de los demás dependieran de ello.

Crear un mundo

El encuentro con Su Santidad, el Primer Dalai Lama, fue probablemente el más significativo de todos para mí. Como él había anunciado, me dejó materia prima para docenas de importantes comprensiones sobre la vida, comprensiones que me sobrevenían casi a diario mientras meditaba en nuestra conversación.

De repente, había encontrado respuestas a muchas de las preguntas más importantes acerca de mi existencia. Aunque al principio me resultaba difícil asimilar el concepto de que las impresiones mentales dirigían mis experiencias, las de mi mundo y las de la gente en él, con el tiempo me di cuenta de que ello era debido tan sólo a las presuposiciones con las que había crecido culturalmente, y con toda certeza no a que el concepto en sí no fuera más que lógico, incluso iluminador.

Sobre todo, las palabras del Dalai Lama me dieron la explicación perfecta al sufrimiento de mi madre y la razón por la cual cualquier buena persona puede sufrir, mientras gente que provoca dolor a los demás puede parecer próspera temporalmente. Esta idea del dolor empezó a serme recurrente: Su Santidad había mencionado que las experiencias dolorosas eran resultado de las impresiones negativas en la mente y que éstas, a su vez, eran plantadas por acciones perjudiciales.

Pero, como cualquier persona pensante, sabía que el beneficio y el perjuicio, lo bueno y lo malo no eran fáciles de distinguir. Y si era cierta la idea de las impresiones y el mundo que creaban, entonces distinguir entre lo correcto y lo incorrecto se convertía en una cuestión crucial, incluso de vida o muerte. Aunque la respuesta a la pregunta acerca del origen del dolor de mi madre se hacía más y más clara en mi mente, no había aprendido nada acerca de dónde podría estar ahora y cómo podría ayudarla. Por último, sentía como si estuviera progresando poco con respecto al misterio de la Dorada que me había conducido al Jardín por primera vez, y sentía que al final todas mis preguntas hallarían respuesta si lograba desentrañar el secreto de cómo ella había aparecido, de cómo me había enseñado sin palabras, y de cómo llegué a experimentar aquella cualidad paradisíaca que emanaba de su forma y de sus ojos lánguidos.

Así que de nuevo me llamaba el Jardín, en el otoño del desierto, que allí no destaca por grandes cambios en el color de las hojas, ni por la repentina desnudez o negrura de las ramas de los árboles, sino tan sólo por el suave soplar de los vientos, y por un aumento muy gradual en la diferencia entre el calor del día y la temperatura de la noche. Recordando claramente mi último encuentro junto al banco debajo del algarrobo, me dirigí allí directamente desde el portalón, y me senté en la hierba frente al humilde asiento de madera, como si se tratara de un trono y yo estuviera esperando la llegada de un gran Rey, o quizá, con más fortuna, de una Reina.

Entró por el portalón con una gracia majestuosa, cada pliegue de su hábito en el lugar apropiado, transmitiendo un porte gracioso simplemente por cómo doblaba su brazo izquierdo con el chal externo del hábito de monje cuidadosamente plegado y cayendo perfectamente hasta su rodilla. Por ello, sentí que su identidad era la del gran maestro del arte de la vida ética: el Maestro Guna Prabha, trasladado catorce siglos más allá de su propia época, los días dorados del monasticismo en el mundo, pero, aun así, siempre el monje perfecto. Se sentó con cuidado en el banco, levantó las piernas deliberadamente y las cruzó bajo sus vestimentas, ajustando su hábito alrededor de ellas, de manera que rodeaban suavemente su forma entera. Después se sentó inmóvil y me miró, tranquilo y poderoso.

Era un hombre de complexión fuerte y totalmente erguido a pesar de su edad, que podía fijar en más de setenta años. Aparte del aura de decoro reflejada en su porte, su característica más llamativa era su mirada; sus ojos totalmente abiertos, redondos y sin ningún parpadeo parecían los de un viejo buho de gran sabiduría. Sus labios cerrados y prietos sugerían que eran poco dados a hablar, sus brazos estaban completamente relajados, con las manos plegadas sobre su regazo en la postura de la meditación, haciendo girar ocasionalmente un pequeño rosario. Se sentó un poco inclinado hacia atrás con la barbilla algo levantada, mirándome y aguardando con calma.

Parecía que yo tenía que hablar, así que con delicadeza dí forma a una de las muchas preguntas que había traído conmigo y dije con la deferencia que requería su porte:

—¿Cómo sabemos lo que está bien y lo que está mal?

Continuó mirándome fijamente, sin pronunciar una palabra; miró sus manos, aclaró su garganta, levantó la vista de nuevo y de repente:

—Los buenos actos crean impresiones en tu mente que hacen que tu mundo sea agradable. Los malos actos crean impresiones en tu mente que hacen que tu mundo sea desagradable.

—Pero —continué después de una pausa respetuosa— ¿cómo podemos decir con exactitud qué tipo de actos causaron las impresiones que están provocando las cosas agradables de nuestro mundo presente, y qué tipo de actos causaron las impresiones que están produciendo las cosas desagradables en él?

—Sólo un Iluminado —disparó de nuevo, rápido como un rifle— puede ver con exactitud qué tipo de impresiones y qué tipo de actos plantaron las impresiones que son responsables de cada detalle de nuestras vidas.

—Es decir, ¿viene cada detalle particular de nuestro mundo, de nuestro propio ser y de los seres a nuestro alrededor, determinado por impresiones dictadas por lo que dijimos, pensamos o hicimos en el pasado?

—Exactamente —respondió, observando fijamente el rosario que sostenía en sus manos.

—¿Todo? ¿Una brisa suave en la mejilla, una línea en la tabla de madera, cada rasgo de nuestros rostros, el sol, el amanecer, el menor pensamiento que se nos ocurre?

—Así es —y de nuevo miró fijamente sus manos.

—Pero si hace falta ser un Iluminado para conocer perfectamente qué actos son buenos y cuáles son malos, ¿cómo es posible saber qué acciones llevar a cabo para que sean buenas a nivel último y planten las impresiones que harán que nos veamos convertidos en un Iluminado —insistí.

—Estudia sus palabras —dijo sencillamente, sin levantar la mirada.

—Si las estudiamos bien —respondí, después de pensar un poco— podríamos comprender exactamente, al menos en teoría, aquellos actos, palabras y pensamientos que harían nuestro mundo futuro totalmente bueno y podríamos evitar los que causan cualquier maldad en nuestro mundo.

Levantó los ojos de sus manos y con majestuosidad afirmó:

—No es una teoría, en realidad puedes hacerlo y ha habido incontables Santos en el pasado que ya lo han hecho.

—Entonces, enséñame, por favor, qué tipo de acciones plantan las impresiones adecuadas, pues estoy muy agotado por los sufrimientos de este mundo, un mundo que, como he llegado a comprender ahora, no es más que sufrimiento.

—Descríbeme los sufrimientos de tu mundo, y yo te describiré a ti la acción que lo ha producido, según Aquellos que Conocen Todas las Cosas.

No necesitaba ninguna incitación adicional:

—La muerte, ¿qué acción planta la impresión en la mente que le causa a una persona verse morir de un cáncer horrible?

—Matar: quitar la vida.

—¿Quieres decir que si pudiésemos evitar tomar la vida, humana o animal, nunca nos moriríamos de ese modo?

—Sí, a excepción de cualquier impresión plantada antes de empezar a evitarlo.

Reflexioné un momento sobre las impresiones viejas.

—Y si lográsemos purificar las del pasado utilizando los cuatro pasos que las limpian de la mente?

—Entonces, nunca morirías de ese modo.

Esta afirmación hacía temblar la tierra; contenía el santo grial que ha buscado toda la humanidad desde sus inicios, y me dejó melancólico, con el sentimiento de la persona que vive un momento crucial en la historia de un gran imperio y es plenamente consciente de lo histórico del momento mientras lo vive.

—Y la pobreza, ¿por qué hombres que viven juntos en un mismo país, una misma tierra, bajo un mismo cielo y lluvia, tienen lo suficiente, o incluso demasiado para comer, mientras otros se mueren de hambre?

—Robar: coger lo que no se te ha dado.

Mi primer impulso mental fue pensar que parecía perfectamente lógico, pero inmediatamente emergió una duda, una irritación que hacía que toda esa idea de las buenas y las malas acciones y sus impresiones pareciera defectuosa.

—Pero he visto mercaderes en negocios que roban, es decir, engañan a los demás durante años, y aún así prosperan continuamente.

Su barbilla se levantó un poquito, aunque seguía mirando hacia abajo con un ligero matiz de indignación; los ojos quietos, inamovibles, sin pestañear.

—Quieres decir que has visto limones ácidos crecer de semillas de ciruelas dulces —respondió casi sarcástico.

—No —dije— esto es imposible, la semilla de un fruto amargo no puede producir algo dulce. Las semillas y los frutos son siempre del mismo tipo: lo dulce produce dulce; lo amargo produce amargo.

—Pero acabas de decir que un acto negativo podría producir un resultado positivo.

—Bien, esto es lo que parece —respondí, perdiendo un poco mi compostura.

—Sí —dijo, y ahora miraba con tristeza sus manos, plegadas en su regazo—. Sí, esto es lo que parece —suspiró y continuó suavemente— este hecho singular es la fuente del sufrimiento y la infelicidad del mundo entero, porque nos parece que engañando o mintiendo a otros podemos recibir provecho, conseguir lo que queremos, cuando, en realidad, nos estamos desviando de la felicidad para muchos años en el futuro.

»Ahora piensa cuidadosamente —dijo— piénsalo, ¿Puede el árbol frutal que crece de una semilla aparecer en el mismo instante o en el instante siguiente de haber sido sembrado?

—No, nunca. Que crezca un árbol de la semilla lleva un tiempo. Esta es la naturaleza de las semillas y sus resultados y, de hecho, para cuando el árbol y sus frutos se han hecho grandes, la semilla hace tiempo que ha desaparecido.

—¿Tienes alguna razón para creer que las semillas mentales tengan que actuar de modo diferente?

—No —dije, y me quedé absorto pensando. Dada la urgencia que sentía por estas cuestiones, sólo pasó un minuto antes de entender lo que intentaba decirme.

—Según lo que has dicho —empecé— lo único que podría hacer prosperar a un mercader es el acto de la generosidad: dar para satisfacer las necesidades de los demás.

—Así es —respondió, sonriente por vez primera, satisfecho con su niño estudiante.

—Y el único resultado que podría surgir de engañar a los demás sería pobreza para uno —proseguí.

Sonrió y asintió ligeramente.

—Entonces, cuando engañamos a alguien y, aparentemente, sacamos provecho de ello, sólo estamos siendo testigos de dos sucesos que carecen de conexión: del madurar de una semilla o impresión positiva sembrada por haber sido generoso con los demás en el pasado y, simultáneamente, del plantar una impresión negativa que causará pobreza en el futuro para uno mismo.

Asintió de nuevo.

Algo explotó en mi mente y exclamé entusiasmado:

—¡Esto explica entonces por qué hay gente que parece prosperar a pesar de engañar a los demás, y otros parecen fracasar cuando engañan a los demás, mientras que hay quienes parecen fracasar, engañen o no a los demás, y otros parecen tener éxito también en ambos casos! ¡El mundo no funciona como parece!

Asintió, visiblemente contento, y se recostó de nuevo con la barbilla un poco levantada, mirando hacia abajo como si me empujara hacia otra comprensión espiritual.

—Si algo es la causa de otra cosa —dije, pensando profundamente y con cierta dificultad— si se dan las condiciones correctas, siempre debería causar aquella cosa. Sabemos, por ejemplo, que una semilla de maíz es la causa de una planta de maíz, ya que cuando todas las condiciones necesarias están presentes, una semilla de maíz siempre produce una planta de maíz y no de otro tipo de grano. Si engañar en los negocios fuese la causa real del beneficio material, siempre que engañáramos a alguien, deberíamos recibir provecho. Pero, puesto que este no es el caso, no es engañar lo que trae el provecho. Al contrario, debe haber alguna otra cosa que sea la verdadera causa de la prosperidad y que, infaliblemente, procure beneficio siempre.

—Y esto es dar, ser generosos con los demás —concluyó con suavidad, mirándome con los ojos de un padre orgulloso.

En aquel momento sentí como si, de un solo golpe, se hubiera casi completado el cuadro del paisaje de mi futura felicidad y la de aquellos a mi alrededor. Fue, puedo decir sin duda alguna, uno de los momentos más importantes de mi vida.

Mi mente regresó a los sufrimientos del mundo y de aquellos que lo experimentaban conmigo:

—Las relaciones —dije— parecen ser fuente de gran felicidad en este reino, pero también fuente de igual o mayor dolor. Vemos parejas que tienen unas vidas felices y tranquilas hasta su muerte, en cambio otras se unen y luego se separan, y otras cuya relación ya parece condenada desde los primeros momentos. ¿Qué plantó la impresión para que los infelices vean que le ocurre esto a su relación? —pregunté.

—Ausencia de fidelidad a la propia pareja —respondió sin dudarlo.

Pensé en ejemplos que había oído y dudé de ello, ya que conocía a hombres y mujeres fieles que habían perdido a sus esposos por culpa de pretendientes despiadados, pero mi pregunta se respondió rápidamente, tan pronto como distinguí la causa actual de la felicidad futura, y el dolor actual por la infidelidad pasada. La lógica del esquematizado discurso de Guna Prabha era imbatible, lo cual me hizo pensar en otro sufrimiento que siempre me había alterado.

Empecé así:

—En el mundo vemos gente que dice la verdad y cuyas palabras son creídas por todos. Hay otros que no dicen la verdad, pero sus palabras también son creídas. Existen aquellos que dicen la verdad, pero nadie les cree, mientras que otros dicen mentiras y tampoco los creen.

—Gozan de credibilidad los que dijeron la verdad en el pasado; los que no tienen credibilidad mintieron en el pasado —respondió de manera breve—. Nunca olvides el ejemplo del estafador que parece prosperar; no te dejes burlar por las apariencias. Usa tu mente, la razón, para entender lo que tus ojos por sí mismos nunca podrán ver.

Asentí y continué con mi inventario de los aspectos desagradables de la vida. Recordé que algunos de mis momentos más desafortunados los había pasado en compañía de aquellos que constantemente se pinchan unos a otros, el tipo de gente que tiene un carácter realmente desagradable. Esa clase de personas que, si por alguna circunstancia tuviéramos que convivir con ellas, harían miserables nuestras vidas y, lo que es peor, podrían llegar a afectar a nuestro propio carácter. Le pregunté la causa.

Pareció reconocer la pregunta; llevó sus ojos a los pliegues de sus hábitos, se instaló en el silencio, suspiró suavemente y dijo:

—¿Te has dado cuenta de que la gente de este reino sólo desea que los demás sean sus amigos y admiradores, y que cuando son amigos o admiran a otros, tienen la tendencia a dividirlos o separarlos? Así que dejamos caer alguna insinuación o sugerencia para lograr este fin desagradable. ¿No te has dado cuenta de cuán a menudo lo que decimos va dirigido, incluso más de lo que somos conscientes, a separar a los que están a nuestro alrededor y que han encontrado, durante el poco tiempo que se les permite, una breve amistad y dulzura con otro? Esta es la causa por la que tan a menudo nos vemos en compañía inferior como la que acabas de describir.

También me pareció muy lógico, y me determiné mentalmente a tener cuidado con este tipo de conversaciones, puesto que ya valoraba profundamente la compañía de la gente noble. Esto me recordó al irascible encargado de la biblioteca donde trabajaba y pregunté:

—¿Cuál es la causa de la impresión cuyo resultado nos hace oir de la gente a nuestro alrededor palabras duras y de confrontación, como si no pensaran en otra cosa que hallar un modo de pelear con nosotros?

—La causa de esta situación es haber utilizado palabras duras con cualquiera —dijo Guna Prabha, encogiéndose de hombros mientras miraba hacia el suelo— incluso contra un objeto inanimado: cuando hablamos mal de un vecino, por ejemplo, o maldecimos la roca contra la que nos hemos golpeado el dedo, o el retraso de la diligencia.

Me puse un poco a la defensiva:

—Pero ¿qué hay de cuando nadie cree que lo que decimos o sugerimos tenga valor alguno, y nos hacen sentir inútiles?

—Esto también tiene su propia causa —continuó al instante, como si se anticipara a mis pensamientos— y no es otra que la charla vana, una verdadera ruina de la humanidad que, lenta pero irremisiblemente ahoga la vida entera de gran cantidad de gente, al tiempo que planta impresiones para una ilimitada miseria futura.

Recordé las frecuentes charlas tomando té con mis amigos, y reflexioné sobre cuánto de lo que decimos es sólo un puro desperdicio de palabras, tanto que incluso un par de horas después apenas recordamos aquello de lo que hemos hablado. Además, lo mismo ocurre con todas las noticias que leemos diariamente y son olvidadas al día siguiente, para poder derrochar más tiempo leyendo noticias frescas.

Aquello me recordó a los mercaderes en la posada junto a la biblioteca, encorvados sobre los periódicos llenos con los últimos precios y tendencias, envueltos en intensas conversaciones y negociaciones destinadas a amasar más riqueza. Una actividad tan frenética y consumidora de tiempo que, a menudo, parecía hacerles enfermar de los nervios hasta verse incapacitados para continuar sus negocios, o bien morir antes de haber podido hacer ningún uso significativo de los frutos de su trabajo.

—¿Cuál es la causa —continué— de que las vidas de algunas personas estén plenamente entregadas al deseo de adquirir más y mejores cosas; ¿por qué tantos son incapaces de contentarse con lo mucho que ya poseen?

—Es el resultado de una impresión plantada por la emoción de la codicia: observan constantemente lo que tienen, hacen o saben los demás y lo desean para ellos mismos.

Sus palabras me hicieron pensar en cómo yo mismo ansiaba la posición del encargado de la biblioteca y su conocimiento sobre aquellos volúmenes, no por buscar un conocimiento que me beneficiara a mí y a los que me rodeaban sino, sencillamente, por disfrutar las cosas que él poseía. Quizás debería ayudarle más, en vez de buscar constantes excusas menores con las que molestarle.

Así, le planteé una nueva pregunta:

—Conozco a una persona cuyo asistente le tiene envidia, y en consecuencia no le ayuda de un modo sincero, y además siempre encuentra formas de complicarle la vida.

Miró hacia arriba sin levantar la cabeza, como si conociera mis pensamientos, y sus párpados entrecerrados casi me hicieron recordar de manera automática la imagen de otro rostro, algo que caí en la cuenta de que había sucedido con cada uno de los maestros venidos a este santo lugar.

—Esa persona —dijo con delicadeza— está experimentando el madurar de una impresión plantada por la emoción de los pensamientos malignos.

Con esto, la normalmente imperturbable expresión de su rostro se distorsionó un poco: los grandes ojos de búho se abrieron aún más, dibujando profundas arrugas en su frente, y emitió un suspiro, un profundo suspiro.

—Cuán extraño y perverso resulta —dijo— sentirnos tan fascinados por los fracasos de los demás. Incluso cuando trabajamos para alguien, quizás como asistente, teniendo en cuenta que tanto nuestra fortuna como carrera dependen del éxito de la empresa en la que estamos implicados juntos, albergamos este retorcido deseo de verlos fracasar y sentimos muy poca simpatía verdadera cuando consiguen triunfar —y me dirigió una breve pero significativa mirada antes de reposar los ojos en su lugar natural, sus manos, plegadas en el regazo.

Me sentí avergonzado un rato, miré mis propias manos, pero un pensamiento molesto me hizo hablar:

—Si los problemas que causa el asistente son provocados por las impresiones negativas del propio encargado de la biblioteca, plantadas allí por los pensamientos malignos que albergó hacia otros en el pasado, es su culpa. Lo que crea problemas al encargado de los libros no es su asistente, sino más bien el madurar de las semillas que él mismo plantó en su mente.

—Cierto, cierto, aunque también deberías haber añadido que las intenciones malignas del asistente traerán a alguien los mismos problemas que espera causar, y ese alguien es el asistente.

—Así, no es posible para mí ser servicial tampoco —objeté yo— porque si el encargado de la biblioteca me encuentra servicial es sólo debido a las cosas amables que en el pasado él hizo para los demás.

En esta ocasión el rostro de Guna Prabha me soltó con enfado:

—Caminas por el mismísimo borde de un precipicio; llevas directamente a tus labios el sorbo de un gran veneno. Estás a punto de crear un pensamiento que es maligno, un pensamiento que ha engañado a casi todos los que han sido lo suficientemente afortunados como para comprender lo que has comprendido tú hasta ahora, en este Jardín.

»Todo lo que dices es cierto. Si vemos sufrir a alguien, es debido a que él o ella ha hecho, dicho o pensado algo que creó una impresión en su mente para sufrir. Es cierto, pues, que cada uno de nosotros es personalmente responsable incluso del menor dolor que pueda acontecernos. Es igualmente cierto que si intentamos ayudar y conseguimos confortar a quien sufre, es únicamente porque la persona experimenta en su mente el madurar de una impresión diferente, una impresión buena que se manifiesta como lo que llamamos consuelo.

»Pero si entiendes que no es nuestra responsabilidad intentar ayudar a los demás, que no es nuestro deber, ni la razón misma de nuestra existencia intentar aliviar sus penas, entonces tus estudios en este lugar han sido un fracaso: has fracasado, le has fallado a Ella y a todos los que te hemos enseñado y, principalmente, te has fallado a ti mismo, a tu humanidad. En tu corazón sabes que esto es cierto.

Y sentí lo equivocado del pensamiento que me había permitido. Después de este raro estallido de pasión del maestro reticente, sobrevino el silencio, y pude oír durante un buen rato que le costaba respirar. Luego se recobró y continuó.

—Quizá ahora deberías preguntarme qué es lo que le hace a la especie humana aferrarse a ideas sobre su mundo y sus vidas que, obviamente, son tan erróneas y perjudiciales. Deberías preguntarte: "¿Qué hace a la gente pensar de un modo tan claramente destructor de la felicidad a la cual todo pensamiento y acto que emprendemos va dirigido?"

—La respuesta —respondió— es el haberse permitido tener una idea opuesta con respecto a lo que trae realmente aquello que buscamos. Ahora has visto un atisbo de la verdad, de las verdaderas causas que mueven el mundo, y puedes darte perfecta cuenta de que el modo en que solías pensar, y la manera en que la mayoría de la humanidad sigue pensando, planta las peores impresiones.

Me sentí reprimido durante un tiempo, incluso temiendo que el maestro Guna Prabha rehusara seguir hablando y dejara sin respuesta mis preguntas. Continuó mirando fijamente hacia abajo; una y otra vez contaba con su rosario de semillas alguna oración desconocida, y luego, de repente, me miró con sus grandes ojos.

—Pregunta —dijo sencillamente.

Tomé coraje y empecé justo donde me habían dejado mis pensamientos:

—Has hablado mucho de las impresiones plantadas en mi mente por mis propios actos y pensamientos pasados, y has descrito de modo convincente el modo en que afectan a mis experiencias personales, pero también has dado a entender que crean mi mundo. ¿Te refieres al mundo físico externo, el medio ambiente en el que vivimos? ¿Tan poderosas son estas impresiones que pueden incluso dictar los detalles del mundo físico que nos causa sufrimiento?

—Enumera dichos sufrimientos y lo veremos —fue todo lo que dijo.

—Viajé una vez al Este —empecé— y allí visité dos países muy diferentes, los dos en el mismo paralelo, básicamente con el mismo tipo de suelo y geografía, las mismas lluvias y rayos de sol. En ambos países he visto plantar las mismas cosechas, a veces incluso procedentes de las mismas semillas. Sin embargo, en uno de ellos, cuando la cosecha crece, la harina que se obtiene de su grano resulta poco nutritiva, es inferior, más sucia, y la gente que la ingiere permanece delgada y demacrada; a veces, incluso enferman por su culpa. En el país vecino, el grano produce una harina abundante, nutritiva, que mantiene a la gente sana y rolliza. De hecho, cuando pienso en ello, también ocurre lo mismo con la medicina en los dos países: en uno resulta infructuosa, menos efectiva y en ocasiones incluso perjudicial; mientras que en el otro, casi siempre da resultado. ¿Por qué estas diferencias en los dos países?

—También es debido al acto de haber tomado la vida ajena. La gente del primer país ha matado a seres vivos en el pasado, cosa que no hicieron los del segundo.

Pensé un poco y pregunté:

—Toda esta conversación sobre las acciones y las impresiones que depositan en la mente me deja con la sensación de que nosotros somos totalmente responsables de las semillas que permitimos queden plantadas en ella. Esto me lleva a pensar que sólo se pueden plantar impresiones en una única mente. Pero ahora, me estás hablando del mundo entero, el medio ambiente en el que tanta gente vive junta. Pareces dar a entender que una gran impresión puede ser compartida por un grupo inmenso de gente.

—No es que compartan una impresión —dijo pensativo y respetando la importancia de mi pregunta—. Más bien es que, en el pasado, una serie de personas han creado juntas, como grupo, algún acto bueno o perjudicial. Por lo tanto, cada componente del grupo planta en su mente una impresión del mundo similar, aunque ligeramente diferente, que al madurar hará a cada uno experimentar una realidad compartida, como cosechas de calidad inferior en una región particular del mundo. No obstante, la medida en que les afecte individualmente ese problema será ligeramente diferente, debido a circunstancias como haber tenido una motivación diferente cuando su acto común fue cometido.

Siguió:

—Esta es, de hecho, la causa de que aparecieran las diferentes naciones, así como las líneas invisibles entre países, aparentemente arbitrarias, denominadas "fronteras". Esta es también la causa de la abyecta pobreza a un lado de dicha frontera y del exceso en el otro.

—Por tanto, si dos países van a la guerra —continué— y sus soldados se matan entre sí, cada persona del país que haya apoyado activamente este esfuerzo plantaría en su mente impresiones individuales del acto de matar.

—Exactamente —dijo— cualquiera que apoye dicha empresa planta una impresión del acto de matar casi tan profunda y firme como la de quien aprieta el gatillo en el frente.

Esto desembocó rápidamente en otro pensamiento y dije con entusiasmo:

—Por lo tanto, si un país es amenazado por otro, por un ejército que ataca a sus ciudadanos, pero éstos se unen y acaban con los miembros del ejército que se aproxima, entonces, cada uno de ellos planta una impresión individual del acto de matar en su propia mente.

—Así es —dijo, y me miró fijamente con sus grandes ojos redondos, unos ojos que se abrían hasta borrar su frente, esperando a que mis pensamientos tocaran el oro.

—Y las impresiones del acto de matar, ¿no crearán en el futuro la percepción en su mente de ver sus vidas amenazadas?

—Digamos, ¿por un ejército que se acerca? —preguntó con una sonrisa apenada.

—¿Así podemos afirmar —me apresuré, intentando atrapar mis propios pensamientos— que el ejército que amenaza a una nación ha sido causado por una impresión del mundo plantada en las mentes de los ciudadanos de esa nación cuando, en el pasado, cometieron como grupo el acto de matar?

—Exactamente.

Un gran Sol amanecía en mi mente:

—Y así, ¿no podemos también afirmar que cuando una nación responde con la muerte a la amenaza de matar, está de hecho creando precisamente la misma amenaza que sobrevendrá en algún momento futuro a la misma?

Me miró triunfante, con la cabeza echada hacia atrás, como el maestro que acaba de dirigir una magnífica sinfonía.

Concluí:

—Entonces, nuestra reacción natural ante lo desagradable en nuestra vida es la acción exacta que de hecho causará que experimentemos de nuevo esa cosa desagradable. El mundo entero vive en un gran ciclo de sufrimiento perpetuado por nuestra propia ignorancia, puesto que devolvemos a los demás ¡los errores que ellos cometen contra nosotros!

Me miró de repente, regocijado y completamente entristecido por la verdad de mi comprensión. Nos quedamos en silencio durante un tiempo.

—Entonces, ¿dónde empezó todo? —pregunté—. ¿Quién tomó la vida por vez primera, para que su vida tuviese que ser amenazada y tomar de nuevo la vida de otro, sólo para ser amenazado otra vez?

—¿Por qué tiene que haber un principio? —afirmó, con una pregunta tan sencilla que, tal como pensé después en muchas ocasiones, la convertía en la cuestión más difícil de todas.

—Todas las cosas deben tener un principio —objeté de nuevo— tú mismo dirías que todas las cosas tienen causas.

—Y verdaderamente las tienen, y esta es, precisamente, la razón por la que nuestra existencia, esta mente en la que vivimos, no tiene principio.

—¿Qué?

—Piensa en ello —dijo con una ligera impaciencia— intenta olvidar todo aquello con lo que creciste. Ya debes haber comprendido cuánto de todo ello era falso, simples fábulas que han pasado de generación en generación, sin que nunca hayan sido comprobadas por nadie. Ahora piensa por ti mismo con cuidado, imagina que eres la única persona en el mundo, y que intentas descubrir de dónde proviene tu mente.

Me asenté en la hierba, realmente un poco enfadado.

—Ya has estudiado la mente y sabes que sólo puede proceder de la mente misma. Esa mente invisible, conocedora, inefable y que llega a todas partes, sólo puede ser producida por algo que tenga una sustancia similar, es decir, por otro instante de mente. Y sabes, por ejemplo, que el primer instante de tu mente dentro del seno de tu madre fue creado por tu propia mente, la cual existía en el momento anterior a aquel primer instante en algún otro reino, en algún otro lugar. Esto ya se ha probado, ¿recuerdas?

—Sí.

Entonces, piensa ahora en el fluir de tu mente a lo largo de un prolongado periodo de tiempo: piensa en ella como en un momento de mente que causa el momento siguiente, el cual fluye hacia el momento posterior, al igual que el momento inmediatamente precedente de esa misma mente ha creado su momento actual.

Las palabras me resultaban un poco difíciles, pero si pensaba con cuidado un minuto lo podía entender: mi mente presente es resultado de mi mente del momento previo, y mi mente del momento siguiente a partir de ahora surgirá de mi mente actual.

—Ahora, comprobémoslo —dijo—. ¿Es la mente algo que tiene siempre una causa?

—Por supuesto.

—¿Y cuál es su causa principal? ¿Qué es lo que se transforma en mente, igual que una semilla se transforma en un brote, y la arcilla se convierte en una taza de cerámica?

—La sustancia llamada "mente" sólo puede ser creada por la sustancia llamada mente.

—¿Y cuándo tiene lugar la causa de cualquier momento particular de mente?

—Justo en el momento anterior.

—Y así —dijo, levantando airosamente la cabeza en lo que podría haberse interpretado como un gesto de engreimiento en alguien inferior—, precisamente porque tiene este tipo de causa primaria, la mente no tiene principio. No puedes señalar ningún instante particular de tu mente en el pasado, incluso millones de años atrás, y afirmar que ese momento particular no tenía una causa principal: que apareció de la nada. Tu mente tiene una causa principal, que es tu propia mente, y por lo tanto, no tiene principio. Acostúmbrate a ello: no es lo que solías pensar en el pasado, es algo nuevo para tí y, simplemente, es del todo cierto.

En verdad para mí era muy difícil captarlo: todo lo que había estado asumiendo desde mi infancia y toda mi cultura se rebelaban ante la idea, pero sus implicaciones eran claras.

—Entonces, ¿siempre hemos correspondido a la violencia dirigida contra nosotros porque antes fuimos violentos, y al reaccionar de ese modo, sólo nos hemos asegurado recibir más violencia?

—Exactamente. Te pido que no olvides la lección del embaucador que prospera. En estos asuntos, no creas en lo que ven tus ojos sino en tu razonamiento, que éste nunca te fallará. Si la violencia fuese el modo verdaderamente capaz de resolver los conflictos, si la violencia fuese la causa de la paz, siempre causaría paz, pues la definición de "causa" es aquello que sabemos nos traerá el resultado esperado si los factores contribuyentes necesarios están presentes. La violencia no es la causa de la paz porque no siempre trae paz, así de sencillo.

—Y cuando respondemos a la violencia con violencia, —dije afligido— lo único que hacemos es asegurarnos perpetuar esa misma violencia, que irá dirigida sólo contra nosotros mismos.

El asintió.

—Ahora descansa un momento —dijo—, los dos necesitamos un descanso físico y mental. Se sentó como lo hace un anciano, encorvado, mirando continuamente a sus manos y el rosario cuyas semillas siempre estaban en movimiento, mientras yo me acercaba al algarrobo y me apoyaba en el tronco, contemplando las estrellas.

—La violencia no sólo planta impresiones que engendran más violencia —dijo tranquilamente, volviendo la cabeza hacia el árbol, como pensando en voz alta— sino que, además, traslada la tendencia de actuar de cierto modo (matar, mentir o cometer adulterio) hacia futuros reinos en la mente. Esto explicaría por qué desde muy pequeños algunos niños se sienten atraídos hacia comportamientos cándidos o perjudiciales. Esto hace que sea doblemente difícil evitar incurrir en estas conductas a medida que maduramos.

Asentí, aquello tenía sentido, siempre había creído posible constatar, incluso en el rostro de los bebés, ciertos gustos y desagrados, como si los hubieran traído consigo de algún lugar en el que ya habían vivido. Y había notado también en mis jóvenes amigos de colegio diferentes talentos o crueldades que parecían surgir de modo natural. Agotado, me recosté para sentir la fuerza acogedora del árbol familiar, y mirando a través de sus ramas me llegó la luz de las estrellas que me sugirieron una última cuestión.

—Pero ¿dónde estaba mi mente? —pregunté casi en un susurro— antes de que este planeta existiese?

—Estás observando la respuesta —dijo— el número de planetas habitados en el universo es infinito. A su debido tiempo cada planeta perece y, de hecho, este planeta sobre el que nos sentamos ahora será consumido por las llamas cuando nuestro sol empiece a expandirse más allá de sus límites actuales, listo para su propia destrucción.

Cuando el cuerpo en el que reside una mente muere, en un corto periodo de tiempo, esa mente ha de entrar en un cuerpo nuevo, una especie de forma espiritual, algo como un hogar temporal hasta que se den las condiciones para que la mente se perciba a sí misma entrando en un nuevo cuerpo, causado, por supuesto, por una determinada combinación de impresiones en la mente plantadas por actos, palabras y pensamientos pasados.

»Esta forma de espíritu no está sujeta a las leyes que gobiernan la materia de los cuerpos normales, y se puede mover casi con la velocidad del pensamiento. Gracias a ella, la persona puede entrar en su siguiente cuerpo en otro mundo, en otro reino, lejos del que tú y yo vemos ahora. Y cuando mueren las últimas personas de un planeta, antes de que éste desaparezca, sus mentes se trasladan bajo la forma de espíritu a alguno de estos otros reinos.

»Te cuento esto únicamente para tu propia información, porque me lo has preguntado, y porque tiene relación con la conversación que hemos tenido hasta ahora. En este momento no puedo mostrarte esta forma de espíritu directamente, así que debes investigar más antes de aceptarlo. En caso contrario, estarías pensado de modo ilógico y de esto ya hemos tenido suficiente ¿verdad? —dijo retóricamente y asintiendo aún más con la cabeza. Parecía dormirse mientras yo respiraba el aire de la noche e intentaba reunir toda esta cantidad de pensamientos en mi mente, cansada y pequeña.

Cuando desperté estaba totalmente perdido, no tenía idea de la hora y, por lo que sabía, podía haber sido otra noche. Miré el banco y vi sentado al anciano maestro, Guna Prabha, completamente erguido, balanceándose ligeramente de atrás hacia delante, como siguiendo la cadencia de algún canto espiritual interior, mirando fijamente hacia delante, a nada en particular que yo pudiera ver. Me levanté e, inclinándome ante él, me senté a sus pies en la hierba fresca. Dejó de moverse, levantó la barbilla, y sus grandes ojos de búho me observaron, desde la gran distancia de su mente extraordinaria.

—Antes de apartarnos del tema —empecé— habíamos estado hablando....

—No nos apartamos —me corrigió.

Yo asentí, pues tenía toda la razón:

—Hemos estado hablando sobre las causas del mundo externo y las impresiones en nuestra mente que determinan el medio ambiente mismo —dije.

Asintió.

—También he estado en tierras —dije— donde el problema no es sólo que la comida, la medicina u otras cosas por el estilo carezcan de poder para nutrir o sanar, sino que, además, las cosechas sencillamente nunca salen bien; o cuando lo hacen son destrozadas por algún motivo mientras aún están en los campos, o se secan porque no hay lluvia, o se pudren cuando llueve en exceso.

Mirando como siempre hacia sus manos, murmuró:

—Es el resultado de haber robado que experimentan juntos en un lugar todos aquellos que lo han hecho.

—Y he estado en tierras —continué— en las que mientras uno camina por las calles de las ciudades, un olor fétido flota en el aire, ráfagas de algún olor desagradable, de excremento o porquería, una corriente constante de visiones, olores y sensaciones desagradables se suceden mientras uno pasea por un camino particular.

—Es el florecimiento de una impresión plantada en la mente por implicarse en algún tipo de mala conducta sexual —murmuró de nuevo, con contundencia.

—Y he estado en lugares en los que no se puede confiar en nadie, y donde los grupos de personas nunca llegan a trabajar en armonía, sus empresas comunes siempre fracasan y el lugar mismo está repleto de miedos y cosas a las que temer.

—Mentir —dijo simplemente.

—¿Y por qué algunos lugares son llanos, cómodos para viajar y construir carreteras, mientras que la geografía de otros está llena de riscos y barrancos difíciles de atravesar?

—Implicarse en conversaciones que dividen a los demás —respondió.

—¿Y qué ha creado esos extraños lugares del mundo en los que el suelo está cubierto de piedras afiladas y plantas espinosas, donde no hay afluentes ni lagos, y la tierra está quemada, es lúgubre e incluso amenazadora?

—Hablar con dureza a los demás.

—¿Y por qué hay lugares en los que los árboles parecen creaciones fracasadas: o bien no dan fruto o no lo dan en el momento apropiado; demasiado tarde o demasiado temprano; no llega a crecer o se pudre antes de tiempo? ¿Por qué hay ciudades o pueblos con rincones tranquilos, lugares agradables como parques con césped en los que una persona puede descansar, mientras que otras son una jungla de edificios sin espacios que proporcionen un respiro al cuerpo y al espíritu, y están llenas de peligros?

—Son el resultado de la charla vana, de desperdiciar palabras— suspiró.

—¿Y por qué, en manos de algunas personas, las posesiones duran mucho tiempo, mantienen su calidad y utilidad, mientras que, cuando otras personas consiguen a duras penas algún objeto, largo tiempo anhelado, al poco tiempo se rompe, se pudre, deja de funcionar o no lo hace como debe, a medida que pasan los días?

—Ansiar las cosas de los demás, desearlas sólo para ti —dijo, recogiendo ahora su rosario, como si estuviese perturbado por tener que revisar un mundo así.

—¿Y por qué llegan épocas en el mundo, en que ciertos países y ciudades se ven inmersos en contiendas, y los hombres se matan unos a otros, se esparcen terribles enfermedades entre la población, o cada roca u árbol está poblado de pequeñas criaturas como escorpiones o arañas venenosas y peligros mayores como leopardos, osos; o el peligro mayor: otros humanos que vagan por el lugar, esperando robar o atacar a los que pasan por allí?

—Desear el mal a otras personas —dijo con suavidad— sentir ese placer enfermizo delante del fracaso ajeno.

—Y, ¿por qué hay naciones, incluso mundos, en los que las ideas perjudiciales se divulgan y enraízan en las mentes de la gente? ¿Qué es lo que crea un mundo cuya población se esfuerza en obtener aquello que nunca les puede hacer felices, un mundo en el que la gente persigue posesiones y experiencias que sólo traen dolor, y donde las ideas puras, buenas y sanas, los pensamientos que elevan y liberan el espíritu humano, han caído en la oscuridad y no están al alcance de aquellos que anhelan dicha paz?

—El simple acto de vivir con ideas erróneas y perjudiciales —dijo desplomándose, como si estuviera agotado por el esfuerzo de observar las conexiones sutiles y casi invisibles entre los actos, las palabras y los pensamientos de la especie humana, y sus consecuencias reflejadas en el mundo que la humanidad ha ido creando.

Pensar en el mundo como en un lugar en el que reina el dolor y el sufrimiento y donde al final toda relación, persona y objeto son destruidos, me resultaba también abrumador, y pensé en los reinos de los que me habían hablado otros maestros. Quizás había cierta esperanza, y le pregunté a Guna Prabha qué impresiones del mundo habían creado estos otros reinos.

Comprendió mis pensamientos rápidamente y, quizás sin desearlo, lo mencionó:

—Cualquiera de los actos que se han descrito esta noche, desde tomar la vida ajena a mentir, pasando por las creencias erróneas, tiene suficiente poder —si se ha cometido seriamente— para plantar una impresión del mundo que cause verse a uno mismo experimentando el tormento más oscuro y terrorífico que exista, un dolor tan intenso que aquí, en tu reino, ni tan siquiera lo puedes imaginar.

»Estos mismos actos, si se cometen de un modo menos grave, tienen el poder de plantar las impresiones que te causarán verte como un espíritu torturado o un animal: te mirarás, y donde ahora ves brazos y dedos, verás garras o plumas. Y no creas que te engaño, ya que la mente es eterna, y al final muy poderosa; es capaz de mantener ininterrumpidamente tu actual percepción del mundo y espacio de vida, no dudes que cuando se tuerza ligeramente por culpa de los efectos de acciones que han perjudicado a los demás, puede hacer que veas los reinos que te he mencionado.

—Debes comprender —dijo cansado, como si le doliera tener que decirme más cosas— que las consecuencias de las que te hablaba al principio de la noche, los efectos de aquello que dices, haces o piensas en tus experiencias personales y en tu mundo, se presentaba en el supuesto de que regresaras aquí como ser humano. Pero la causa para que esto ocurra es no haber cometido casi nunca dichos actos, y siento tener que decir que esto es algo extremadamente difícil. La oportunidad que tienes ahora, como ser humano capaz de pensar con claridad, que puede comprender el sufrimiento en el que vive y sus causas, y que ha encontrado finalmente el verdadero Camino para escapar de él, es extremadamente excepcional.

De repente, el maestro Guna se sentó erguido, y por vez primera soltó el rosario en su falda, lo enroscó frente al pecho y lo esgrimió frente a mí con decisión, con el primer dedo casi tocando mi cabeza:

—Ahora ven, hemos estado aquí casi toda la noche. Te pregunto, aun con lo triste que ha sido nuestra charla, ¿no te proporciona algún tipo de esperanza?

Yo tenía el mismo pensamiento, sin duda él lo había sabido, y por esa razón se había incorporado de repente para efectuar la pregunta:

—Supongo —dije con fuerza— que si intentamos evitar esos actos, palabras y pensamientos perjudiciales de los que has hablado, los que plantan las impresiones del mundo que producirán experimentar reinos y espacios de vida con decepción y dolor, entonces, por la naturaleza misma de las cosas, podremos evitar la miseria que es común a estos mundos.

»Y supongo —continué— que podríamos ir un poco más allá: intentar conscientemente hacer lo contrario a dichas acciones perjudiciales y así moldear, es decir, ir creando de modo consciente un mundo futuro carente de los mencionados sufrimientos.

»Supongo que con este fin tendríamos que preservar la vida de toda criatura, humana o animal; de manera estricta respetar la propiedad ajena, animar la virtud que es honrar el compromiso personal con la propia pareja, hablar únicamente de lo que es verdad, esforzarnos en unir a los demás, usar palabras dulces y respetuosas con los que nos rodean, hablar sólo de cosas que sean significativas y beneficiosas para nuestra vida, deleitarnos en compartir y ver a los demás conseguir lo que desean, trabajar para que los demás tengan éxito en su vida; y finalmente, adiestrarnos en consagrar los raros, preciosos y contados pensamientos que tenemos a lo largo de esta vida a ideas que sean de verdadero beneficio, tanto para nosotros como para aquellos a nuestro alrededor. Creo que todo esto plantaría las impresiones que producirían, prácticamente, un paraíso, un lugar donde lo exactamente contrario a todos los horrores que has descrito esta noche nos daría la bienvenida a cada paso.

Con una felicidad y un ánimo que aún no había mostrado en aquella noche, dijo:

—Un paraíso no sólo a tu alrededor, sino en tu propia mente: las impresiones que causarían el ver tu mente en todo momento pura y en paz. Tras una pausa dijo:

—Pero si ahora entiendes bien cómo crear esto y cómo va a suceder, te ruego que escuches con cuidado lo que ahora te voy a decir, ya que ésta es la razón verdadera por la que he venido esta noche al Jardín.

»La fuerza de nuestras impresiones negativas es poderosa y las pocas impresiones buenas que tenemos fueron plantadas por intenciones débiles, poco frecuentes y con poco poder. Si honestamente examinas tus pensamientos durante varios minutos en el curso de un único día encontrarás que el patrón normal es el de un nivel bajo de irritación y egoísmo con todos y todo a tu alrededor.

»Si esperas poder reforzar tus buenas impresiones hasta el punto de que empiecen a crear tu futuro mundo ideal, debes buscar una manera de comprometerte más seriamente con la bondad. No porque alguien esté contando tus errores para castigarte después o algo así, sino, simplemente, porque no puedes escapar de un mundo en el que todo se convierte en dolor a menos que aprendas a llevar a cabo constantemente lo que sea mejor para ti y para aquellos a tu alrededor. Hablo de tomar votos.

Lo dijo de ese modo, y recordé que precisamente era él quien había escrito hacía más de mil años el gran clásico sobre cómo llevar una conducta ética por medio de tomar votos.

Pensé un momento y contesté honestamente:

—Intelectualmente comprendo todo lo que has dicho esta noche. Ciertamente, me parece lógico tener que implicarme sólo en buenos actos a partir de esta noche si deseo lo mejor para mí y los demás. Estando cerca de ti y de los otros maestros eminentes que me han guiado en este Jardín, también tengo la sensación de que, sencillamente, es más divertido y gozoso hacer lo correcto, lo que ayuda a los demás, en vez de herirlos de modo egoísta.

»Pero cuando me hablas de votos, de algún modo, desaparece la alegría y viene a mi mente un tipo de existencia restringida y triste, para hombres y mujeres frustrados, infelices e incapaces de enfrentarse a los desafíos de la vida. Gente que se oculta en monasterios y conventos para contener su frustración hasta convertirla en algún tipo de perversión. Esta no es la clase de vida que busco, y no entiendo en absoluto el modo en que éstos me ayudarían a tener una actitud realmente positiva, ya que mis actos dependen mucho de estar en el mundo con otra gente.

Con estas palabras se estiró y me tocó, por vez primera en toda la noche, colocando sus manos con amor a los lados de mi cabeza. Pude sentir el intenso calor que emanaba de su cuerpo y entraba en mi mente, recordándome otra vez a Alguien. Me miró con profunda compasión y dijo:

—Admito que puedas haber encontrado gente que ha tomado votos y se comporta como has dicho, aunque me atrevo a decir que les has juzgado mal y deberías tener más cuidado a la hora de pronunciar dichas palabras. Pero los votos no son esto.

»Me temo que, en general, entendéis muy poco el arte de tomar y mantener votos; se ha perdido en vuestro mundo. Imagina estar al lado de un ser santo que, literalmente, rebosa bondad y conocimiento de las cosas sagradas. Arrodillado ante él y mirando su rostro lleno de la magnifica paz y felicidad que procede de haber practicado sólo la bondad para uno mismo y los otros, y comprendiendo que dicha serenidad también puede ser tuya, juntando las manos en tu pecho dices: "Ahora me comprometo ante ti para llegar a ser como tú, encontraré la felicidad que tú has encontrado". Y te levantas después con esta promesa nueva pegada a ti como unas poderosas y sublimes alas recién halladas, te das la vuelta, y te subes al alféizar de una ventana, y emprendes el vuelo, elevándote a voluntad. Los votos son esto realmente: una alegría, un placer, liberarte de la atadura del egoísmo y las acciones perjudiciales hacia los demás; son iluminados e iluminadores, son luz en sí mismos.

Ahora, su rostro estaba extasiado y bañado por la luz de la luna, que estaba a punto de ponerse. Las estrellas parecían enviar rayos dorados, creando en la oscuridad del Jardín un aura que perfilaba su cabeza y también me traspasaba a mí; y por vez primera, sin largas explicaciones, sino meramente por la abrumadora intensidad de la compasión del ser que tenía ante mí, supe que tomaría votos.

Pareció iluminarse más y me sonrió:

—Empieza con los votos de una persona laica —dijo— cualquiera puede tomarlos y aportan felicidad. Piensa en el dolor que rodea cada objeto y cada relación que has conocido, y para eliminarlo, tanto en ti como en los demás, prometes que nunca más volverás a matar a un humano, o a robar algo de valor, ni a tener relación sexual con la pareja de otro, ni a mentir sobre tu vida espiritual. Decide abandonar también el uso del alcohol y otras drogas, que no hace falta que te diga que son fuente interminable de miseria, y un desperdicio total de dinero y tiempo para cualquier persona con la mínima capacidad de pensar claramente, aunque sea sólo un minuto.

Me quedé un rato pensativo y pregunté:

—Comprendo que podría ser bueno comprometerme a dejar los intoxicantes, que están tan extendidos y obviamente son tan inútiles y perjudiciales. Pero ¿de qué sirve tomar el voto de no hacer el resto de las cosas? Ciertamente, ninguna persona con compunción querría matar a otra persona, cometer adulterio o mentir acerca del tema más importante, ¿por qué tomar votos?

Estirándose me miró directamente a los ojos:

—Es una pregunta justa y merece una respuesta: la impresión que se crea al evitar un acto porque se ha tomado el voto es infinitamente más poderosa de lo que lo sería sin haberlo tomado. Lo que quiero decir es que cualquier buen acto cometido en base a los votos tomados tiene repercusiones tremendas, efectos a nivel último muy poderosos, lo suficientemente poderosos como para purificar por completo tu mente y tu mundo. Es mucho más difícil hacerlo sin el poder de los votos.

»Tomar el compromiso del voto te ayuda a mantenerlo y a evitar cualquier impresión negativa que produzca dolor. Siempre recuerdas al ser santo que fue tan amable de concederte los votos; cuando estás a punto de cometer un acto negativo, te refrenas gracias al amor y respeto que sientes por este ser, y esto te protege. Recuerdas la razón que te llevó a arrodillarte ante él para tomar los votos. No se trata de una obligación, no es una forma de autoflagelación, sino un acto liberador que te enseña a volar, a alcanzar un tipo de felicidad que la mayoría de los seres del mundo ni tan siquiera imaginan.

Guna Prabha miró con tranquilidad sus manos, hizo girar las semillas de su rosario una vez más y, de repente, se estiró apoyando su espalda y levantó la barbilla, casi hasta alcanzar el cielo, luego se rió con deleite: era la hermosa risa cantarina de un niño feliz, la risa plena y natural de una persona que sólo ha acumulado bondad, de quien ha hecho de su vida y de su mundo algo realmente bueno.

La Compasión

El encuentro con el Maestro Guna Prabha me dejó con pensamientos para varios meses. Solía caminar por las calles del mercado de la ciudad, me sentaba junto a la ventana de la biblioteca mirando los campos de algodón y las arboledas de naranjos, e intentaba imaginar de qué modo éstos podrían ser el producto de una semilla o una impresión en mi mente. Me resultaba muy difícil de aceptar, pero durante mis meditaciones revisé una y otra vez las ideas sobre las que habíamos conversado y no podía encontrarles ningún fallo. Sabía que Guna Prabha decía la verdad cuando afirmaba que tendría que superar mis sentimientos naturales acerca de lo que aparecía ante mis ojos, así como los prejuicios culturales con los que me había criado, y en lugar de ello, debería hacer valer una perspectiva dotada de razonamiento cuidadoso.

Con el tiempo, tras pensar y observar reiteradamente, me fui acostumbrando a este nuevo modo de ver las cosas. Me producía un sentimiento de gran comodidad el hecho de que cada aspecto de mi mundo, así como mis propias experiencias a lo largo de una vida entera tenían una explicación. Especialmente cuando las cosas iban mal, cuando el encargado de la biblioteca me gritaba por alguna falta sin importancia, o cuando algo que anhelaba no salía tal como yo esperaba, revisaba mi encuentro con el Maestro Guna Prabha para intentar identificar qué pensamiento, palabra u obra podía haber llevado a cabo que me causara ahora pasar por dicho lance.

Y comprendí que, en cada caso, la reacción natural que yo solía tener, por ejemplo, respondiendo de modo brusco al encargado de la biblioteca cuando me reprendía, era precisamente el tipo de acto que plantaba una impresión para que me volviera a gritar. Es decir, si no refrenaba mi reacción natural, estaba perpetuando el sufrimiento que intentaba evitar.

Vi claro que lo que tenía sentido para mí era dar pasos para empezar a refrenar mis reacciones naturales ante cualquier agravio. Así que me determiné a tomar los cinco votos de laico para toda la vida. El amable abad de la pequeña ermita donde me alojaba me los concedió con una sencilla ceremonia en sus modestos aposentos.

Verdaderamente disfruté con los votos, y adopté la costumbre de revisarlos cada par de horas. No porque hubiese podido matar a un hombre en cada uno de estos periodos de tiempo, sino porque para mí era un desafío identificar aquellas acciones cometidas que pudieran perjudicar la vida de otra persona, o incluso la de un animal. Luego, para conseguir un equilibrio en mi corazón, busqué también un tiempo para sopesar todo lo positivo que hubiese hecho para proteger y preservar la vida. Así que reservé unos minutos para regocijarme por lo que había hecho bien, ya que el abad me había dicho que éste era un modo de aumentar el poder de las semillas positivas en la mente.

Al final de cada día, antes de ir a dormir, hacía una revisión de algunas de las diez actividades que el Maestro Guna Prabha había mencionado, y así comprobaba cuáles eran los actos negativos más próximos a éstas, y cuáles eran las actividades positivas opuestas que había llevado a cabo durante el día. Con este objetivo, empecé un pequeño diario donde anotaba dos o tres de las diez acciones y sus opuestos como sigue:

1) Quitar la vida, matar.

Lo más cerca que he estado hoy: casi golpeé a alguien con mi caballo.

Lo más cerca que he estado de su opuesto (proteger la vida): asegurarme de que R tomase su medicina.

La lista de los diez actos y sus opuestos rezaba así en la primera página de mi diario:

-Quitar la vida.	-Respetar la vida.
-Robar.	-Respetar la propiedad ajena.
-Llevar una mala conducta sexual.	-Respetar la pareja de otro.
-Mentir.	-Decir la verdad.
-Charla para dividir.	-Unir a la gente.
-Utilizar palabras duras	-Usar la palabra en tono amable y gentil.
-Charla vana.	-Decir solo cosas significativas.
-Ansiar lo que pertenece a los demás.	-Ayudar a los demás a conseguir lo que quieren.
-Sentir placer ante las desgracias ajenas.	-Ayudar a los demás en su desgracia.
-Sostener ideas perjudiciales.	-Examinar mis creencias, y mantener sólo las que son buenas y ciertas.

De este modo, solía escribir ejemplos de lo que había hecho, pensado o dicho y que estuviera próximo a las dos o tres acciones que había elegido aquella noche, tanto de la columna negativa como de la positiva. En el curso de tan sólo un par de semanas noté que algo cambiaba, tanto en mí como en el mundo que me rodeaba.

Lo primero que noté era más bien molesto: empecé a darme cuenta de que a lo largo del día, al hablar con los demás, dejaba caer insinuaciones, o incluso hacía afirmaciones sutiles para proyectar una buena imagen de mí mismo y para separar a los demás. También solía decir cosas que provocaban el mismo efecto, aunque no utilizara palabras duras. Entonces me empecé a preocupar, porque me parecía que empeoraba en lugar de mejorar, pero el abad me explicó que ésa era la primera sensación habitual de alguien que empieza a observar lo que dice, hace o piensa.

El efecto más inmediato de mis esfuerzos fue que, simplemente, dejé de decir, hacer o pensar aquellas cosas que eran obviamente negativas, y que incluso un principiante en este Sendero no podía evitar notar. Lo que sucedía después tenía poco que ver con las semillas o las impresiones sobre las que había aprendido; era mucho más sencillo: tenía más tiempo para ocupar mi mente en cosas mejores, en pensamientos positivos, y esto me hacía sentir más creativo. Tenía más capacidad para concentrarme, y estaba de mejor humor a lo largo del día. En una palabra, era más feliz. Evitar sembrar malas semillas era divertido, y no el trabajo penoso que creía iba a ser cuando Guna Prabha me habló por primera vez de los votos.

Lenta pero constantemente, me percaté también de que mi mundo cambiaba, y recordé que si las semillas se plantaban de un modo muy consciente y sincero podían madurar relativamente deprisa. La transformación que empezó a suceder en mí era difícil de describir, pero definitivamente, era notoria y real. Las comidas sabían mejor, los colores eran más brillantes, sentía la alegría y la creatividad hirviendo dentro de mí, y la gente a mi alrededor parecía empezar a decir y hacer cosas que inspiraban mi espíritu.

Instintivamente sentí que, si podía adoptar esta forma de vida hasta su término, incluso los males que parecían inevitables —enfermedad, vejez o la muerte misma— tenían el potencial de cambiar por completo. También presentí que un cambio tan grande requeriría algo más poderoso que mis esfuerzos hasta el momento, y por ello, me volví a sentir impulsado a regresar al Jardín.

El invierno ya había terminado, la primavera estaba en su suntuoso punto álgido. Al entrar por el portalón aquella noche me percaté, quizás debido a mis prácticas recientes en el arte de una vida virtuosa, de que el pequeño lecho de hierba se había convertido en un césped lozano. En la fuente, el agua cristalina del desierto parecía fluir más que nunca, y las ramas del algarrobo se habían extendido más allá del perímetro de la pequeña plataforma de ladrillos a su alrededor, y caían sobre el simpático banco de madera donde tanto había aprendido.

Me senté en el extremo del banco en penumbra, y dirigí mis pensamientos y mis ojos hacia la parte sur del jardín, hasta un pequeño ciruelo debajo del cual recordé haber estado una vez con mi Dama Dorada; había trazado un dibujo sobre su frente con mis labios, y de repente me vi sorprendido por un sentimiento de interés hacia la gente que nunca antes había conocido, y sentí simultáneamente una profunda sacudida en mi cuerpo. Tan inmerso estaba en estos pensamientos que no me percaté de que el Maestro Asanga había entrado en el Jardín y estaba sentado a mi lado, en el banco.

Lo primero que vi al volverme fue su mano, extendida hacia mí, sosteniendo un pequeño y aromático capsey[1], de un tipo que mi madre preparaba a menudo para nosotros.

—Toma —dijo— he oído que éstos te gustan.

El ya estaba degustando uno con toda confianza, y con sencillez me urgió a seguirle. Y de ese modo nos sentamos a disfrutar del espléndido jardín y de la comida. Cuando terminaba con uno, me instaba a comer otro, de una bolsita procedente de entre los pliegues de su hábito.

Su aspecto era muy diferente de lo que me habría imaginado. El y su hermanastro Vasu Bandhu, que ya me había bendecido

1 Especie de fritura que los tibetanos elaboran para celebrar el Año Nuevo.

con su instrucción en el Jardín, eran considerados dos de los mayores y más excelsos pensadores conocidos en los últimos dieciséis siglos. Y sin embargo, a mí me daba la impresión de ser tan sólo un compañero agradable y amistoso, con un rostro sencillo, honesto, y con un modo de comportarse y hablar muy gentil, casi tímido. Vestía los hábitos con naturalidad, no parecía estar excesivamente pendiente de ellos; más bien parecían una extensión de su ser mismo, por lo perfectamente que sus pliegues suaves encajaban con su propia y obvia bondad.

—¿Están bien? —preguntó— ¿suficiente? ¿Crees que he puesto demasiado azúcar en ellos? Intenté empolvarlos pero aún no les he cogido el punto.

Le miré con sorpresa, imaginándome a uno de los mayores filósofos de todos los tiempos pendiente del fuego para asegurarse de que mis pasteles estuviesen bien hechos. Pero esto parecía tan típico de su naturaleza; y me enseñaba una gran lección, incluso antes de empezar a hablar en serio.

Suavemente dijo:

—El tiempo pasa —y me miró con sus apacibles ojos marrones llenos de interés por mí—, y personalmente, encuentro que tiendo a descuidar las cosas importantes.

De inmediato entendí que se refería a mi madre y a mi búsqueda, así como a mi viaje para encontrar un modo de poder ayudarla, si ello aún fuese posible. Noté que la búsqueda de mi propia felicidad en la vida había ensombrecido mi intención inicial de ayudarla y, ante tal bondad, enrojecí de vergüenza y bajé mis ojos hacia el banco.

Con un movimiento natural me tomó la mano, como si se disculpara por haberme herido, pero sostenía mis dedos con tal firmeza que me indicaba claramente que ése era el punto de partida para empezar con las lecciones que mi vida necesitaba ahora.

—Los jardines son tan bonitos —dijo con ternura—. ¿Te has preguntado alguna vez lo mucho que hay que pensar para diseñar un jardín correctamente? Hay que pensar en lo que más les gustaría a las diferentes personas que fueran a visitarlo; cada uno iría en busca de un momento de serenidad en su vida que encontraría en el mismo Jardín, aunque de un modo ligeramente diferente.

Sentí una punzada en el pecho, me pareció como si con estas sencillas palabras él estuviera de pie ante mí, gritando y acusándome de haber estado intentado construir en mi vida espiritual un jardín extraño, sólo lo bastante grande para mí, sin pensar ni en mi madre, ni en todos los que como yo necesitaban felicidad pero que no habían encontrado un maestro o un Sendero para ayudarles. Su extraordinario modo de valerse de una conversación cotidiana para atraer mi atención hacia aquellas cosas auténticas en las que más debía pensar me sorprendió mucho, y me recordó a Alguien con una cualidad similar.

—Supón, por ejemplo —continuó como si fuese totalmente inconsciente del modo en que sus palabras estaban llegando a mi corazón— que a quien creó el jardín le encantasen las ciruelas y las rosas. Supongo que haría falta un cierto grado de autocontrol y sensibilidad para darse cuenta de que otras personas pueden preferir flores y frutas diferentes. Así, el creador del jardín debería visitar en algún momento otros jardines para observar atentamente a la gente que los visita, y esforzarse por ponerse en su lugar para ver lo que los demás disfrutan en un jardín y aprender a disfrutarlo casi tanto como ellos.

De nuevo, sus palabras tocaron un punto sensible en mi corazón, y en aquel preciso momento sentí el impulso de confesarle un pensamiento que me había estado molestando desde hacía un tiempo.

—No he vivido muchos años —empecé—, pero muy pronto comprendí que poder ponerme en el lugar de los demás sería una cosa sagrada, conseguir sentirme de verdad tan interesado por sus problemas como puedan estarlo ellos mismos. En resumen, llegar a aprender a sentir el tipo de amor y compasión que desea proporcionar a los demás lo que anhelan, y lo desea con tanta intensidad como ellos mismos.

»Pero para ser completamente sincero —continué— no sé cómo hacerlo posible. Soy consciente de que me interesa infinitamente más satisfacerme a mí mismo que a los demás, aunque su anhelo sea más serio, y aunque sea una cuestión de supervivencia interna o física. Simplemente, me cuesta imaginar una manera de aprender a interesarme por los demás con el mismo cuidado con el que me preocupo de mí mismo, y esto me molesta profundamente, pues intuyo que aprender este modo de vida sagrado no aportaría más que felicidad a este mundo.

—Tienes toda la razón —dijo con una expresión sombría que denotaba su profunda preocupación por mis inquietudes— es muy natural, y algo innato en nosotros, pasar por la vida ocupados sólo por las pequeñas necesidades y deseos propios, e ignorar a los que se pueden estar incluso muriendo de hambre y piden cobijo ante nuestros ojos. Como bien dices, somos conscientes de esa deficiencia en nuestra compasión, y no sé de muchas personas reflexivas que no se sientan molestas de vez en cuando por su propia incapacidad de preocuparse por los demás, aunque tan sólo sea con un ápice del interés que sienten hacia ellos mismos. Sabemos que queremos amar, y somos conscientes de que no sabemos cómo.

Nos sentamos en silencio durante un rato, y me maravillé por lo cerca que me sentía de él, por el modo en que tan sólo en unos pocos minutos, me había hecho sentir su igual, incluso su confidente. Luego se aclaró suavemente la garganta, como si tuviera miedo a hablar y dijo:

—No soy un gran santo…

Y por el modo en que lo dijo, me di cuenta de que sí lo era.

—Pero, en una ocasión alguien me enseñó esta meditación que quizás nos podría ayudar…

Por descontado, sabía que así sería.

—No digo que yo mismo haya logrado hacerlo bien...

Y supe que él la había perfeccionado.

—Pero quizás la encontrarás útil —concluyó. Instintivamente, llevé las manos a mi pecho tocándome el corazón, como pidiéndole que me lo cambiara, allí en aquel momento mismo.

—Prepárate para la meditación —dijo con suavidad, pero con un definitivo tono de autoridad, la autoridad del amor. Y me preparé mentalmente, tal y como ya había aprendido aquí en el Jardín, con el maestro Kamala Shila.

Tras unos minutos, Asanga dijo:

—Ahora observa tu respiración, mira cómo fluye, adentro y afuera. No intentes modificarla en modo alguno, sencillamente obsérvala.

Con tranquilidad, así lo hice.

Continuó casi en un susurro:

—Y ahora piensa en alguna clase de dolor o problema que sepas que vayas a tener que sufrir antes de terminar la noche.

En el Jardín, con el Maestro Asanga a mi lado, me sentía incapaz de imaginar algún dolor o problema. Pero pensé en después, en la sensación de vacío que solía embargarme al atravesar el portalón para abandonar el Jardín, ya que, una vez más, debía marcharme sin haber encontrado a mi Dama Dorada, para quien, tenía que confesarlo, aún vivía.

—Ahora, toma esa sensación de vacío —dijo con naturalidad—. Imagínate a ti mismo dentro de quizás una hora, y piensa que este sentimiento de vacío se ha transformado en una pequeña mancha oscura como una luz negra en el centro de tu, su corazón.

Así lo hice; me imaginé a mí mismo cerca del portalón con una pequeña mancha negra en el pecho, dentro de una hora más o menos, mientras él, es decir, yo, dejaba el Jardín.

—Ahora, formula el deseo de poder quitar esa luz negra de tu yo futuro; desea que él nunca tenga que experimentar esa sensación de vacío y decide que serás tú quien se la quite.

Tomé esa decisión; no era tan difícil si consideraba que me sentiría mejor de lo que podría sentirme de otro modo, y tan sólo en una hora a partir de ese momento.

—Seguidamente, recorta la mancha de luz negra del corazón de tu futuro yo como con una cuchilla, y decide integrarla en ti ahora para que así él no tenga que sentir dolor después.

Esta vez tuve una duda, temía que esto pudiera dañarme, pero, puesto que después me ahorraría aquel dolor, decidí que debía hacerlo, como cuando soportas que te limpien una herida con alcohol porque sabes que aceptando un dolor menor en el presente evitas un dolor mayor en el futuro. Decidí, pues, aceptar la "dolorosa" luz negra.

—Después, atrae hacia ti esta la luz negra, absorbe la sensación de vacío de tu yo futuro cuando atraviesa el portalón. Transfórmalo en un fluido de luz negra largo y delgado, y déjalo flotar con tu respiración al inhalar. Si no consigues una imagen clara con una sola inhalación, imagina que haces entrar la corriente negra en varias inhalaciones.

Hice lo que el Maestro Asanga iba dictando. Cuanto más me concentraba, más sentía aumentar en mí una ligera incomodidad. Pero seguí incorporando luz negra a mi respiración, consciente de que ayudaba a mi ser futuro.

—La respiración y la luz negra que monta en ella están entrando en tu pecho. Observa una diminuta llama en el centro de tu corazón: es tu propio egoísmo y la comprensión incorrecta de tu vida y tu mundo que dicho egoísmo crea. Observa, contempla la luz negra, mira cómo se acerca a la pequeña llama de egoísmo, está a punto de tocarla.

Mientras inhalaba por mis orificios nasales vi descender por la garganta hasta mi pecho el extremo del fino rayo de luz negra, a punto de tocar la llama roja de mi egoísmo.

—Seguidamente, observa con atención, concéntrate, porque todo terminará en un instante. La luz negra toca la llama y se produce un estallido de luz blanca, la llama de tu egoísmo se apaga, y la luz negra se desvanece en un fino humo blanco que se evapora en la nada, todo ello en menos de un segundo. Tu propio egoísmo y el dolor futuro, que has decidido aceptar han desaparecido para siempre, y tu corazón se encuentra limpio y puro.

Esta parte era divertida, tenía un final feliz, y la practiqué un par de veces. Cada vez que la pequeña llama se apagaba y la humareda blanca se desvanecía me sentía aliviado, liberado.

—Descansa un momento —dijo. Sacó un pequeño tazón de madera de uno de los pliegues de su hábito, se aproximó con gracia y lentitud a la fuente y lo llenó. Vino hacia mí y me lo ofreció, y yo la bebí agradecido, dándome cuenta de lo natural que parecía que este extraordinario experto en filosofía y en la vida misma estuviera sirviendo a un principiante espiritual como yo.

De nuevo se sentó y continuó:

—Ahora piensa en un sufrimiento, alguna situación dolorosa que puedas vaticinar que te podría afectar mañana.

Esto no era muy difícil, inmediatamente vino a mi mente la mirada de disgusto en el rostro del encargado de la biblioteca, al entrar yo al trabajo, quizás con una hora o dos de retraso, directamente de un viaje en coche iniciado la noche anterior. Podía imaginar fácilmente la sensación de resentimiento que surgiría en mí, a pesar de los esfuerzos por evitarlo y de mi sincera determinación anticipada de impedirlo.

—A continuación, observa el resentimiento en su corazón, es decir en tu corazón de mañana, como una pequeña mancha de luz negra.

Cerré los ojos e imaginé la mancha negra en mi pecho, estando de pie enmarcado por la puerta de la biblioteca, frente al escritorio del encargado.

—Ahora quítala de tu corazón.

Y lo hice.

—Y asegúrate de verlo tal como es, asegúrate de pensar que es ese dolor futuro en tu corazón, y decide aceptarlo dentro de ti.

»Obsérvalo como una fina corriente de luz negra, montada en la inhalación, aproximándose a tu rostro.

»Entra en tus orificios nasales, desciende por tu garganta, casi toca la llama diminuta del egoísmo y la comprensión incorrecta en tu corazón.

»¡Tocado!

»¡Un estallido de luz blanca!

»¡El egoísmo se apaga!

»El resentimiento se ha convertido en una columna de humo y por fin, ¡se ha desvanecido!

»¡Tu corazón, puro y limpio!

De nuevo tuve una sensación de alivio, de libertad, unida a una especie de orgullo por ocuparme de alguien más, aunque fuese de mí mismo. Aquella meditación producía en mí un efecto más profundo, algo que no podía haber imaginado.

—Ahora piensa en los tres o cuatro peores sufrimientos que vayas a experimentar a lo largo de la semana que te espera. No seas perezoso, defínelos claramente y obsérvalos ahora como la mancha de luz negra en su —quiero decir, en tu corazón— dentro de una semana.

Era algo más que un simple ejercicio, pero así lo hice. Ciertamente, habría algún insulto o fea observación del encargado de la biblioteca que alteraría mis sueños y pensamientos unos cuantos días. Con toda seguridad, tendría algún problema por culpa de mi caballo, siempre perdía una herradura o se escapaba por la mañana, cuando ya llegaba tarde a la biblioteca. La lluvia primaveral también mojaría la leña de quemar, y así tendría que cenar más tarde. Y seguro que, después de esta noche, también podía esperar tener agudos sentimientos dolorosos, sensaciones que se mantendrían a lo largo de los años, al recordar a mi madre y preguntarme cómo podría ayudarla.

—Ya conoces las etapas —dijo— ahora, acepta el dolor.

Mantener mi mente en tres o cuatro tipos de sufrimiento diferentes a la vez era algo nuevo, pero sentía que la recompensa por intentarlo sería mucho mayor, y medité despacio, imaginando claramente cada paso. Era muy extraño, pero me sentía aliviado al pensar que tenía por delante la semana entera sin estos pocos sufrimientos.

—Y ahora, el mes entero —dijo— define claramente las siete u ocho cosas peores que te sobrevendrán en los próximos treinta días y haz tú mismo el ejercicio. Despacio, y asegurándote de que todo es claro.

Me llevó casi veinte minutos, pero lo hice tal y como dijo el Maestro Asanga. Por un lado, me iba acostumbrando a mi reticencia natural a aceptar el dolor y aprendía a superarlo. Pero, por el otro, cada vez que incrementaba la cantidad de sufrimientos me parecía un trabajo más grande y difícil. Me percaté de que intentaba no pensar claramente en los tipos específicos de dolor mientras la luz negra se acercaba a mi rostro pero, instintivamente supe que ésta no era la idea, y así redoblé mi coraje y los imaginé claramente dentro de la luz negra.

—Suficiente —dijo— descansa de nuevo. Me recosté y respiré el dulce aire de la primavera, observé las sobrecogedoras estrellas del desierto, y dejé que mis pensamientos vagaran hacia los escondrijos y rincones del Jardín donde Ella me había dado otras lecciones.

Luego, él se inclinó tiernamente, tomó mis manos en las suyas y miró mis ojos con sinceridad.

—Cuando tengas suficiente fuerza, incrementa la mancha negra, incluye problemas y dolores mayores que tendrás que afrontar el año próximo. A medida que te sientas más fuerte, visítate en tu lecho de muerte, y ayúdate extrayendo el extraordinario dolor de esta situación. Más tarde, empieza a añadir el sufrimiento y confusión que experimentarás justo después de morir, cuando entres en esa forma de espíritu temporal y dé comienzo el viaje hacia tu nueva vida. Finalmente, toma los dolores de tu próxima vida y de las que vendrán después.

»Hazlo con cuidado, asegúrate de que vas despacio, identifica cada uno de los dolores con claridad y no te hagas daño, acepta sólo los que puedas tomar con comodidad. Sentir un poco de ansiedad y duda es un buen signo, pues demuestra que imaginas claramente el sufrimiento. Pero no deberías forzar ninguna meditación hasta el punto de llegar a perjudicarte, de ponerte nervioso o agitarte, ya que sería muy perjudicial para tu corazón y tu cuerpo espiritual. La clave está en meditar con regularidad, ir poco a poco, y construir la meditación escalonadamente para que se vaya haciendo firme y fuerte, en vez de hacer grandes e histéricos esfuerzos, que normalmente se diluyen por completo en poco tiempo.

»Cuando tu fuerza, tu fuerza interna sea mayor, empieza a imaginar uno o dos sufrimientos ligeros de alguien cercano a ti, digamos tu propio padre o madre. Practica la aceptación de los mismos junto a tu egoísmo y el malentendido que lo origina, y su destrucción con el estallido de luz blanca. Practica una semana, luego un mes, y así sucesivamente.

»A continuación, pasa a otras personas que ames, como familiares y amigos cercanos. Cuando te sientas más preparado, trasládate a gente con la que te sientes indiferente, es decir, los extraños que visitan la biblioteca, la gente que pasa a tu lado en la calle.

»Cuando tu meditación sea lo suficientemente poderosa para dar un salto mayor, acepta en ti mismo los dolores de quienes te desagradan. Cuando lo puedas hacer con sinceridad, será un gran logro interno, en general muy poco reconocido en este mundo donde impresiona más la persona que gana una batalla de fuerza con un caballo que la que gana una batalla contra los propios malos pensamientos y malos hábitos, aunque esto último sea infinitamente más difícil.

»Y finalmente, cuando estés en tu punto álgido, envía tu mente a cada habitáculo del mundo: a las casas de los humanos, a las cuevas de los animales, a los estanques donde viven los peces, a los océanos, a los árboles y hoyos en el suelo; imagina toda forma de vida y practica este acto sagrado con cada dolor, externo e interno que puedan experimentar. Ve más allá de tu propio mundo, a las estrellas y a otros reinos, principalmente a aquellos donde reina el horror, que tu mente sabe que han de existir, a pesar de que tus ojos aún no puedan verlos. Llega hasta mundos, planetas y reinos donde se vive un sufrimiento inimaginable, y libérales de su negro dolor.

Se sentó en silencio, cogió una punta de su hábito y se enjugó las lágrimas, calladamente.

Nos sentamos en quietud, y disfruté del dulce sentimiento de poder elegir sentir el dolor ajeno y desear eliminarlo. Sentí que no había una emoción más dulce en el mundo, ni el placer de una amante, ni la emoción del éxito, ni el fuego del poder o el dinero.

—A veces pienso —empezó diciendo en otra de aquellas lecciones que no eran tales, sino enseñanzas disfrazadas de pensamientos casuales— en cómo deben sentirse las madres; no es un sentimiento que tú y yo podamos sentir en esta vida, pero podemos mirar y observar a las madres y ver su amor ciego y abrumador hacia sus hijos, un amor que les pone en disposición de cometer cualquier acto que pueda socorrer a sus hijos.

»Este amor parece tener dos lados: hay un tipo de amor que es incapaz de soportar el sufrimiento de un hijo; debes haber visto alguna vez a una madre con un bebé enfermo en sus brazos, abriéndose paso entre una multitud que espera ver a un gran médico; a una madre que corre para salvar a su hijo del peligro de un carro que se acerca; a una madre que, como una leona, se revuelve con furia contra cualquiera que pueda amenazar a su hijo.

»Después está el otro amor de una madre, que desea dar, que quiere proveer. Supongo que pensamos de manera natural en cómo, desde el principio mismo, desea abastecer a su bebé con leche, con esta tierna felicidad líquida que ve reflejada después en el rostro de su niño. Y a lo largo de toda su vida, la madre se sigue esforzando para que, incluso cuando ya ha crecido, su hijo tenga todo lo que desea: un vestido especial, una buena educación y buenos amigos. Cuando ya es un adulto, le desea prosperidad, una buena ocupación, un buen hogar, una buena esposa y sus propios hijos.

»Una madre desea todo esto para su hijo de un modo que a veces me asombra cuando pienso en ello porque a menudo sucede que, de toda la gente en el mundo, sólo tu madre se ocupa más de ti de lo que te ocupas tú mismo.

Y yo conocía bien la verdad de las palabras del Maestro Asanga, ya que había tenido una comprensión de ello el día en que murió mi madre, mientras el viento silbaba entre los árboles de la Academia: comprendí que había perdido a quien se había preocupado más por mi felicidad que yo mismo.

Con una mirada que era una incongruente mezcla de timidez y un extremo poder interno, el Maestro dijo:

—Hay una segunda parte de la meditación que, si no te importa, puedo intentar describir, a pesar de que yo mismo no la comprendo tan bien.

Sonreí a mi pesar, y asentí.

—La práctica que esta noche hacemos juntos se denomina dar y tomar, aunque cuando la llevamos a cabo, a modo de entrenamiento, con el propio sufrimiento, primero tomamos y luego damos. Como has visto, lo que tomamos es el sufrimiento de los demás. Recuerda que el sufrimiento es cualquier cosa que daña a una persona, desde las atrocidades que tienen lugar en los vastos reinos de miseria, más allá de nuestra visión actual, hasta el instante de duda, justo en el momento previo al conocimiento total, en la mente de un gran santo.

»Y lo que damos es toda la felicidad, todo lo que podemos dar, todo lo que tenemos, tal como te instruiré a continuación. Pensando en cómo las madres se comportan, fácilmente comprendemos por qué primero viene el acto de tomar; es absurdo ofrecerle un caramelo o un juguete a un niño atormentado por el dolor de una enfermedad que está a punto de acabar con su vida.

»Pasemos ahora al acto de dar —dijo, revolviéndose un poco en el banco, como un niño a punto de empezar su juego favorito—. Prepárate para la meditación.

Y, como antes, así lo hice.

—De nuevo, lleva tu mente a la respiración, a ese fluido hacia dentro y fuera.

Casi automáticamente me enfoqué en mi interior, tal y como me habían enseñado.

—Imagina toda tu bondad, tus buenos pensamientos, palabras y actos, todo el conocimiento sagrado que has aprendido así como las impresiones en la mente que te producirán felicidad en el futuro. Observa todo ello reunido en tu corazón, como una luz blanca, pura y brillante.

»A continuación, piensa en alguien que conozcas, —es más fácil empezar con alguien querido— y en lo que le gustaría tener, una relación o cualquier otra cosa.

Pensé durante un momento y dudé. Mi primer instinto había sido enviarle algo a Ella, pero al reflexionar fui incapaz de pensar en algo que le hiciera falta, porque en mi corazón guardaba el recuerdo de cómo, con sus párpados medio cerrados, parecía morar en un gozo constante, parecía completa, no había nada en absoluto que ella pudiera necesitar. Supuse que también era por esto por lo que el Maestro Asanga no había mencionado dirigir esta meditación a los Iluminados, pues no había nada que tomar de ellos, ni nada que necesitasen. Pero al mismo tiempo, se me ocurrió que, en ocasiones, podía ofrecerles los buenos pensamientos o experiencias espirituales que hubiera alcanzado, igual que un niño muestra con orgullo a su padre un pequeño dibujo que ha hecho. Sabía que cualquier cosa que eligiera darles, la verían y sentirían como el gozo mismo.

Me concentré en mi madre, imaginé que le proporcionaba una gran linterna, una linterna mística que le mostrase cómo abrirse camino en los reinos de terror donde su mente quizá podría encontrarse después de morir. Y mientras sostuviera la lámpara, ésta podría dirigirla hacia el Sendero santo, como un buen caballo que conoce el camino a casa aún después de que el sol se ha puesto y la oscuridad ha cubierto el mundo.

—Ahora, mientras observas tu respiración, enfócate en una de las exhalaciones. A propósito, durante la meditación no intentes retener ni forzar tu respiración: debe fluir libremente, sin ninguna interferencia. En una de tus exhalaciones, o en varias, si ello te resulta más cómodo, envía junto con el aliento desde tu corazón un fino rayo de luz blanca.

»Imagina que la respiración sale hacia el mundo, la galaxia entera, y va en busca de tu madre allí donde esté. En el vértice del rayo de luz imagina tu linterna mágica; imagínala bien grande, ya que los rayos luminosos del pensamiento no conocen límites: pueden llegar hasta las esquinas más recónditas de la existencia y dejar allí cualquier objeto, desde una gota de agua al mayor de los océanos.

»Imagina que el rayo de luz blanca llega hasta tu madre, quien sobrecogida, lo ve, comprende que viene de ti, de su hijo, y una alegría, tan blanca como esa luz, llena su corazón.

»Imagina que ella se acerca al rayo de luz y coge la linterna.

»Imagina que, mientras estamos hablando, ya ha empezado a conducirla hacia la Gran Luz.

Mientras el Maestro Asanga hablaba, mi corazón se retorcía con recuerdos dolorosos, aunque, al mismo tiempo, saltaba con una repentina esperanza.

—¿Es posible? —pregunté fervoroso— ¿puede realmente verlo? ¿Se va realmente hacia ella?

Me dirigió una mirada de intensa compasión, y con ojos brillantes dijo:

—Escucha con cuidado, pues te traigo noticias muy alegres, aunque no son las que esperas. Déjame hacerte en primer lugar unas sencillas preguntas. ¿Crees en la existencia de los Iluminados?

—Sí —dije— puede que no les vea pero, lo que es más importante, comprendo que puedan existir y que yo podría convertirme en uno de ellos. Además, tengo un presentimiento que me ha acompañado a lo largo de toda mi vida —aunque he de admitir que los presentimientos deben tratarse con precaución, mientras que de la comprensión siempre te puedes fiar— y que me dice que los Iluminados ciertamente existen.

—¿Crees —dijo— que un Iluminado es consciente del sufrimiento de los seres que aún no están iluminados?

—Por supuesto que sí, ellos conocen todas las cosas y nuestro sufrimiento es una de ellas.

—¿Y crees que estos Iluminados son compasivos? ¿Les afecta ver sufrir a uno de nosotros?

—Por supuesto que nuestro sufrimiento les importa, incluso más que a nosotros mismos.

—Y si hubiera algún modo de eliminar el más mínimo sufrimiento, digamos, por medio de hacer una meditación como ésta, ¿no crees que lo habrían hecho hace ya mucho tiempo?

Me senté en silencio, aturdido por el pensamiento.

—Y, ¿no podemos afirmar que el hecho de que ahora suframos es prueba de que el sufrimiento no se puede eliminar sencillamente porque alguien lo desee, seamos nosotros mismos o cualquier otro ser en el universo?

Mi total silencio confirmó la veracidad de las palabras del Maestro Asanga.

—Entonces, ¿de qué nos sirve? —exclamé— ¿de qué sirve hacer esta u otra meditación si no puede eliminar el dolor ni proporcionar felicidad a nadie? ¿Por qué molestarnos siquiera en intentarlo?

Me miró sombrío y dijo serenamente:

—En primer lugar, dime, ¿por qué empezamos esta meditación al principio de la noche?

—Yo te había preguntado si existía una manera de aprender la compasión, si había algún modo de aprender a cuidar a los demás con la misma intensidad con que me cuido a mí.

—¿Entiendes por qué tu corazón, como el de cada ser vivo ansía esta agua santa? ¿Entiendes por qué deseas tan profundamente tener esta capacidad de amar con ecuanimidad?

—No es algo que pueda poner en palabras, sólo presiento que es cierto, creo que todos sabemos que es cierto.

—La razón real —replicó sinceramente— es que con este amor podemos hacerlo y serlo todo. Y aunque somos todavía demasiado débiles para actuar en base a él, hay una parte de nuestra mente que lo comprende. Para resumir, esta compasión es la cualidad que te puede transformar en un Guerrero espiritual. Es la única emoción que puede conducirte a las cumbres más elevadas del esfuerzo humano: el servicio absoluto, sin cuestionar a quienes de cuantos nos rodean va dirigido.

—O sea que, en realidad, esta meditación no puede ayudar a mi madre ni a nadie —reflexioné, sin apenas escuchar sus palabras.

El maestro Asanga me cogió por los hombros, y por vez primera reveló la fuerza y poder absoluto, tanto de su cuerpo como de su intelecto. Me zarandeó con fuerza y dijo:

—¡Mira mis ojos! ¡Ahora!

Miré.

—¡Piensa!

Lo intenté, pero estaba cansado y empezaba a perder la concentración en el tema.

—¿Cuál sería el resultado lógico de una meditación en la que intentas, aunque sea mentalmente, eliminar el sufrimiento de todas y cada una de las criaturas del universo y satisfacer todos sus deseos, desde la roñosa felicidad de la existencia condicionada que vivimos ahora, hasta el gozo más elevado de la Iluminación total?

Durante un momento pensé con más claridad, acuciado por la intensidad que procedía de sus brazos y manos de hierro.

—Como cualquier otro pensamiento —empecé con vacilación—, plantaría una semilla o impresión en mi mente. Pero no puedo imaginar una intención ni un pensamiento más puro o que pudiese abarcar un objetivo mayor que desear la felicidad última, no sólo para uno mismo y unos pocos seres queridos, sino para todas las especies vivas del universo entero.

Y después se me ocurrió:

—Si tuviera que elegir una acción con bastante poder para crear un mundo totalmente perfecto en el futuro, si tuviera que elegir una cosa que pudiera dejar una impresión en mi mente capaz de llegar a hacerme ver cada detalle y persona del mundo como algo completamente perfecto, como luz y gozo puro, sería precisamente la meditación que hacemos esta noche.

Asintió y continuó mirando fijamente mi rostro, esperando más.

—Pero ¿de qué sirve un mundo perfecto creado sólo para mí, si mi madre no puede verlo? ¿De qué sirve un jardín perfecto si sólo es lo bastante grande para una única persona egoísta?

—Ahora escucha —me ordenó de nuevo—, ¿qué te dice la lógica? ¿Qué puedes encontrar en tu mente para dar respuesta a tu pregunta? ¡Piensa! Por esto has venido aquí, por esto existe el Jardín, por esto nos has visto y has hablado con nosotros, conmigo.

»Cuando tu madre estaba enferma, cuando el cáncer empezó a devorar sus pechos, se trasladó a sus brazos y estómago y, finalmente, se abrió camino hasta su corazón, hasta dejar ensangrentado el suelo de toda tu casa, ¿podría haber venido alguien a eliminar su enfermedad con un movimiento de manos?

—No, nadie, ni para ella, ni para otro desde que la humanidad ha existido.

—Y ¿qué causó que estuviera enferma?

—Según todo lo que hemos dicho, fue debido a que en algún momento pasado falló en respetar la vida.

—Y ¿por qué falló en respetar la vida?

Bien, porque era como todos nosotros, como es la humanidad entera que vive su existencia y sufre a lo largo de ella sin conocer un fin a dicho sufrimiento, ni reconocer que el dolor continuará después de la muerte. Y por más que sufra, no se percata de que está sufriendo, como las ovejas en el matadero; es más, de hecho somos como ovejas que pudiesen degollarse a sí mismas, ya que sufrimos porque hemos causado sufrimiento a otros e ignoramos por completo que ésta es la causa de nuestro dolor y, porque además, cuando intentamos proteger lo que pensamos que son nuestros propios intereses, respondemos ante la maldad con más maldad, asegurándonos así que ésta regrese en el futuro.

—Y ¿cómo has llegado a conocer esta verdad? —dijo con sencillez.

Estallando en lágrimas dije:

—Es por la amabilidad, la tuya y la de todos los maestros que habéis venido al Jardín a mostrarme que la fuente verdadera de todo el dolor es el dolor que infringimos a los demás.

—Y, ¿por qué tuvimos que mostrártelo? ¿Por qué tuvimos que hablar, describir, razonar contigo, hacerte pensar y llevarte a una comprensión auténtica? ¿No podríamos haberte transferido simplemente lo que sabemos, introducirlo por arte de magia en tu mente, sin tantas horas de discusión y contemplación sinceras?

—No, no creo que hubiera sido posible.

—¿Por qué no?

—Si me amas, lo habrías hecho hace mucho tiempo. No habría razón alguna por la que haber venido al Jardín; ya lo sabría todo, por el simple hecho de que tú desearas que así fuera.

—¿Y tú crees que nosotros comprendemos simplemente porque comprendemos? ¿O crees que, más bien, hace mucho tiempo, en algún momento del pasado, éramos exactamente como tú y tampoco sabíamos nada del Sendero hasta recibir la gran bendición de encontrar guías espirituales?

—Sí, creo que en algún momento en el pasado érais igual que yo, después conocisteis a los guías espirituales, lograsteis comprender su enseñanza y alcanzasteis finalmente los objetivos últimos de dichas enseñanzas.

—Y así, ahora llegamos al punto crucial. Te pido que imagines un mundo sin ningún guía espiritual; piensa que este jardín es un lugar oscuro, vacío y no tiene la luz que has visto aquí desde aquella primera noche en que Ella te concedió la amabilidad de permitirte entrar en este lugar sagrado.

No podía soportar pensarlo. Sacudí la cabeza violentamente, y retiré sus manos de mis hombros.

—Entonces dime, ¿cuál es el mejor, y de hecho, el único medio de ayudar a tu madre? ¿Crees que vas a poder enviarle una casa para vivir, una cama para dormir, algo de pan o fruta? ¿Crees que esto le ayudará donde está ahora? ¿Crees que es lo que necesita? ¿No sabes que durante su breve estancia en este mundo ya tuvo una casa, durmió en una cama y se alimentó con la montaña de comida que una persona consume a lo largo de una vida? ¿Evitaron estas cosas el cáncer?

—No, no —sollocé.

—Así, ¿qué le enviarás con la luz blanca desde tu corazón?

—Luz, una linterna, una linterna especial que la guie a un lugar sin sufrimiento, la lámpara del conocimiento de las muchas cosas que me habéis enseñado.

—¿Y quién puede ser su linterna? ¿Quién puede enseñarle verdaderamente el Sendero entero, de principio a fin? ¿Quién ve todo su pasado, todo su futuro y toda su mente: quién sabe exactamente el conocimiento que ella necesita y hacia qué etapas conducirla?

—Sólo un Iluminado —repliqué.

—¿Y cómo se crea un Iluminado? —preguntó.

—Igual que se crean todas las cosas: con las acciones de la mente, las acciones de la palabra y las acciones del cuerpo. Pero para crear a un ser Iluminado estas acciones deben ser totalmente puras, deben plantar las semillas en la mente que nos hagan vernos a nosotros mismos convertidos en Iluminados —dije apresuradamente.

—¿Y qué meditación es la que planta del modo más perfecto esas semillas? —preguntó.

—No puedo pensar en ninguna más perfecta y completa que la que acabas de enseñarme —repuse con calma— porque es el Sendero hacia la compasión, la compasión que ama a todos los demás como nos amamos a nosotros mismos, incluso más que a nosotros mismos.

—Así, ahora dime —dijo, liberando mis hombros y mirando tranquilamente hacia abajo—, ¿puedes, sólo con el poder de tu meditación, eliminar el sufrimiento de tu madre y colmar todos sus deseos, sus deseos últimos, proporcionarle una felicidad perfecta y un paraíso?

—Si esa meditación me convierte en un Iluminado y me confiere la capacidad de llegar a ella para enseñarle perfectamente este Sendero —dije, con un sentimiento repentino de felicidad completa— entonces, sí.

—Pues envíale luz blanca —dijo el Maestro Asanga mientras se levantaba del banco— envíale la linterna, sé tú mismo la linterna. Envía agua a los que tienen sed, conviértete en el agua. Envía un compañero a los que están solos, sé el compañero. Sé un amante para los que necesitan amor, sé un niño para los que quieren un hijo, sé un árbol para los que desean sentarse a su sombra, sé una rosa para los que buscan la belleza, sé todo aquello que dé felicidad. Envíalo todo junto a la luz blanca que sale con tu exhalación.

»Nuestra respiración se mueve en armonía con el cuerpo espiritual y cambia como reflejo de la salud del cuerpo espiritual. El cuerpo espiritual, a su vez, es afectado por la respiración, y a medida que la mente gana en pureza, tanto la respiración como el cuerpo espiritual rebosan plenitud. Así notarás que, a medida que la respiración transporta la luz, te verás afectado de un modo que ahora no puedo revelarte.

»Conságrate a esta práctica de tomar y dar. Encontrarás la compasión verdadera, pero debes practicar con seriedad. Murmura para tus adentros a lo largo del día: "dar y tomar", deja que flote en tu mente y en tus labios como la respiración misma. Puedes hacer esta práctica en cualquier lugar, en el mercado, mientras comes, mientras trabajas, mientras estás tumbado en tu cama aguardando el sueño. Y te lo aseguro, te llevará a tu paraíso, a tu propio Jardín donde debes llegar tú primero, si tienes la esperanza de encontrar y ayudar a tu preciada madre.

»Y ahora, hijo mío —y se inclinó alargando la mano—coge el resto de los bizcochos que hice para ti.

El Guerrero

El encuentro con el Maestro Asanga fue quizá, de entre todos, el que más afectó mi vida diaria. Ante mi sorpresa, descubrí que hasta entonces me había preocupado poco incluso por aquellos sufrimientos que preveía iba a experimentar algunos días después; y mucho menos por los inevitables sufrimientos que vendrían con la enfermedad, la vejez y la muerte. En otras palabras, la práctica de intentar eliminar el dolor de mi yo futuro me revelaba que me había pasado la vida negando el curso inevitable que ésta debería tomar. Aparentemente, tanto yo como quienes me rodeaban, habíamos desarrollado un sofisticado mecanismo interno para bloquear por completo cualquier reconocimiento de la futilidad más que aparente de la mayoría de nuestras actividades cotidianas.

Cuando me sentí preparado empecé a tomar pequeños sufrimientos de la gente próxima a mí, y con ello tuve otra experiencia: hasta aquel momento no me había interesado realmente por los problemas ajenos. Por supuesto, sabía que en una conversación era educado interesarse por la salud del interlocutor y sus seres queridos. Y no era extraño recibir como respuesta, especialmente de las personas mayores, descripciones detalladas de sus diversos males, y los de sus hijos y nietos, pero supongo que la mayoría de nosotros habíamos aprendido a bloquear estas cosas también: realmente no nos interesaba en absoluto. Supongo que era debido a que mientras nosotros y los seres cercanos gozáramos de un estado de salud razonable, las quejas de las personas mayores no eran más que esto.

Pero ahora me daba cuenta de que dentro de pocos años sería yo mismo quien estaría sentado, contándole mis penas a alguien más joven, que me ignoraría amablemente, como yo había ignorado a otros. Pensé que quizás la razón por la cual ignorábamos a los demás era el convencimiento inarticulado de que, de todos modos, no había nada significativo que pudiéramos hacer para ayudarles a evitar la degeneración y destrucción del cuerpo que sucedía en sus vidas automáticamente, cada año que pasaba.

Me percaté de que en la meditación de dar y tomar era crucial definir e imaginar claramente el sufrimiento específico que estaba tomando, bien fuese mío o de otros. El simple acto de hacer una lista de estos males me hizo inmediatamente más sensible, y con un orgullo sano vi que si seguía la meditación con regularidad probablemente podría desarrollar ese estado de compasión que admiraba tanto en esas personas especiales que ya lo habían obtenido. Pensar que podía aprender a amar a los demás hasta un grado próximo al amor que sentía hacia mí mismo, era particularmente dulce y poderoso.

Después de todo, comprendí que si mantenía la motivación sincera de desear acabar con el dolor de todos aquellos a mi alrededor, así como el de todos los seres conscientes que pudiera imaginar, y además continuaba creando con la mente el acto sagrado de proporcionar a cada criatura sus deseos más íntimos y su felicidad última, podría —según la explicación clara y convincente que había recibido en el Jardín sobre las fuerzas que creaban nuestro mundo y a nosotros mismos— aprender a escapar de este reino de envejecimiento gradual y muerte, para llegar donde ya no existían más y, finalmente, ahora tenía una razón para esperar encontrar a mi madre y conducirla también allí.

De este modo, hice de la meditación del dar y tomar un tema constante de mi vida a lo largo del día, tal como el Maestro Asanga me había aconsejado. Nadie supo nunca lo que hacía, mantenía la práctica para mí, y descubrí un extraño placer, por ejemplo, en desear para mi viejo némesis, el encargado de la biblioteca, todas las cosas que él deseaba. A medida que pasaban los meses empecé a sorprenderme a mí mismo actuando según mis fantasías, llevándole al encargado un vaso de agua fresca del pozo cuando en el calor de la tarde la luz del sol castigaba nuestra parte de la hacienda, o trataba de complacerle en lugar de ponerle trabas en nuestro trabajo juntos.

Inevitablemente, él empezó a responder con gestos amables similares, y me empecé a preguntar por qué no me había comportado de este modo siempre, qué me impedía ver que la manera más saludable y santa de pasar el día juntos era pensar en las necesidades del otro y satisfacerlas del mejor modo posible. En mis oraciones nocturnas y la revisión del día empecé también a darme cuenta de que, aparte del impacto a nivel último e infinito que pudiera causar en mi realidad la práctica de dar y tomar, ya llenaba de alegría mi mundo presente.

No obstante, como sucedía siempre, seguía apremiado por los pensamientos sobre mi madre y también por el intenso deseo de volver a encontrar a la Dama Dorada, una emoción que, extrañamente, nunca me abandonó, sino que más bien se intensificó a medida que hacía progresos internos. Instintivamente sentía que debía existir algún modo de transformar la acción imaginada durante la meditación de dar y tomar en una forma de vida más concreta. Así que viajé nuevamente al Jardín, esta vez a mediados de otoño, que en el desierto difería muy poco del principio del mismo, o incluso del verano, a no ser por el enfriamiento gradual del aire nocturno.

Crucé el portalón ya entrada la noche, como era mi costumbre habitual. Esto era debido en parte al largo viaje en carro desde la ciudad, pero además porque era Su momento favorito y también el mío. A aquella hora los demás visitantes del Jardín y su pequeña capilla de piedra, cuya pared formaba uno de los lados del jardín, ya habían regresado a cenar con sus familias. Su inocencia era tanta que, a menudo Ella no era consciente de si sus ropas la cubrían o no. Sus maneras estaban tan plenamente libres de cualquier deseo o astucia que algunas personas podrían haber confundido esta libertad con algo impropio. Sin embargo, Ella me había concedido sus lecciones en completa privacidad, y cuando vi al monje de pie ante mí debajo del algarrobo, me di cuenta de que cada vez que Ella y yo habíamos entrado aquí, nadie había estado presente.

Estaba plantado, mirándome con franqueza y mis ojos le estudiaron mientras me acercaba a él, pasando entre las maravillosas rosas del desierto de la izquierda y la breve fragancia de los ciruelos a la derecha. Lo que me impresionó primeramente fue su tamaño: era alto y robusto, ni delgado ni grueso, pero rebosando un tipo diferente de salud, fuerza y vigor. A medida que me iba acercando vi lo que definía toda su presencia: la mirada de deleite completo en su rostro, la sonrisa amplia y desinhibida. No era el tipo de sonrisa que hace que te preguntes por qué alguien te sonríe tan pronto, como si tuvieras una gran mancha en la camisa y no te hubieras dado cuenta, sino que más bien te invitaba a devolverla al instante. Así lo hice, y él sonrió incluso más.

¿Cómo podría confundir nunca el rostro del glorioso Shanti Deva, Maestro en el arte de la actividad compasiva en la vida cotidiana, y que trece siglos atrás nos había legado una guía última para llevar una vida significativa? Pero apenas tuve tiempo de disfrutar el milagro de encontrarme con él, cuando se lanzó hacia delante para encontrarse conmigo a mitad de camino del árbol, me echó el brazo alrededor de los hombros, y me llevó hacia la zona agradable donde la corriente de la fuente bordeaba la pared del este entre flores y plantas del desierto, que disfrutaban el raro placer de vestirse sabiamente de ricos púrpuras y naranjas diariamente, sin el beneficio de las infrecuentes tormentas que normalmente eran la única excusa que hubieran tenido para aparecer, y tan sólo durante unas pocas horas.

—Comprendo tu frustración —estalló con una voz de bajo, feliz y profunda, mostrando complicidad y derramando sobre mí la ternura de una sonrisa brillante como una lámpara—. ¿De qué te sirve pensar en un viaje que deseas emprender si nunca vas a realizarlo?

Ya estaba acostumbrado a estas imprevistas salidas de los maestros del Jardín. Había llegado a suponer que ellos conocían mis pensamientos, y también había aprendido que, dado el extraordinario estado de consciencia al que, aparentemente, ya habían accedido, era tan bueno hablar en metáfora como en el sentido real al que dichas metáforas se referían. Lo que quiero dar a entender es que yo sabía que quería aprender un modo concreto de actuar en base a la compasión recién nacida que empezaba a arder en mi interior. Y también quería ir de inmediato al acuciante asunto que era encontrar y ayudar a mi madre, así como solucionar el misterio de la Dama del Jardín.

De repente, se detuvo y pegó su frente a la mía, como si fuésemos dos soldados que hacen el pacto de permanecer juntos hasta la muerte.

—Has encontrado el corazón —dijo—, ahora conviértete en el Guerrero.

Su gesto y palabras repentinas me cogieron totalmente desprevenido, ya que nunca en mi vida había pensado que la palabra "guerrero" pudiera aplicarse a mí.

—¿Perdón? —dije tímidamente.

—Un Guerrero —dijo con fuerza— el guerrero último, el Guerrero que mata a la muerte misma; tu propia muerte y la de los demás.

Por mis lecciones en el jardín ya había aprendido a no pensar que el Maestro Shanti Deva estuviera bromeando, o incluso exagerando. Permanecí en silencio, preparado para escuchar sus palabras.

—El Guerrero —empezó— actúa de seis maneras diferentes. Actúa según el sendero de las perfecciones.

—Por favor, enséñame estas perfecciones —repliqué.

—Las perfecciones son actos que te hacen perfecto; el día en que son verdaderamente perfectas te conviertes en un Iluminado, y es entonces cuando realmente puedes detener el sufrimiento de los demás y encontrar tu paz última.

»Empezamos con el acto de dar. Un Guerrero entrega todo lo que tiene: da todo lo que usa, da toda la bondad que ha cometido, entrega incluso su propio cuerpo.

Mi mente pensó en el dar.

—Puedo afirmar honestamente que doy lo que poseo más a menudo que lo contrario. Doy lo que poseo a la gente necesitada a mi alrededor cuando lo requieren.

—¿Poseer? —dijo, como si no conociese la palabra.

—Poseer, tener. Las cosas que tengo, mis posesiones.

El Maestro Shanti Deva rió gentilmente:

—¿Y qué posees? —preguntó.

—Mis cosas—respondí— mi abrigo, mis libros, mi cama, mi habitación o mi caballo.

—¿Abrigo? —preguntó inocentemente.

—Sí, mi abrigo, el abrigo que llevo cuando hace frío.

—¿Y posees tu abrigo? —continuó.

—Desde luego —repliqué con impaciencia— ¿quién si no lo va a poseer?

—¿De verdad? —dijo pensativo—. ¿Y cómo puedes poseer tu abrigo?

—Lo poseo, es mío y lo guardo o lo uso siempre que quiero, nadie más lo hace.

—¿Usarlo? —resonó de nuevo, jocosamente— ¿Puedes usarlo siempre que quieras? ¿Guardarlo y usarlo del modo que desees?

—Por supuesto —repetí.

—Es decir, ¿puedes asegurar —insistió— que este abrigo esté contigo mañana? ¿Que controlas el abrigo totalmente?

Hice una pausa para pensar. Las posesiones significan control, yo poseo mi abrigo porque lo controlo en el sentido de que puedo guardarlo o darlo, y nadie más puede tomar dicha decisión. Pero ¿podía asegurar que mañana tendría el abrigo?

Lo pensé honestamente, y la verdad me golpeó con fuerza:

—No puedo asegurar que mañana mi abrigo esté conmigo. Me lo pueden quitar a la fuerza, o robar con disimulo. Puede rasgarse mientras cruzo una puerta de hierro forjado. Puede ser destruido por los elementos, de camino a casa. Puede incluso —pensé un poco más profundamente— perder a su propietario. Es la naturaleza misma de todos los abrigos: envejecen, se gastan, se desgastan o nos los quitan. Cuando morimos otra gente se queda con el abrigo, lo prueban para ver a quién podría irle bien, y el abrigo se va con un nuevo propietario.

—Así que, de hecho —dijo tranquilamente— no controlas el abrigo. Hay otras fuerzas que lo controlan. El abrigo viene hacia ti y el abrigo te deja.

Asentí en silencio.

—Y en realidad, ni tan siquiera posees tu propia piel, tu rostro o tu propio nombre más de lo que posees el abrigo, ya que también vienen hacia ti y se van, tanto si quieres quedarte con ellos como si no.

Asentí de nuevo.

—Y por esto —continuó el Maestro— te hablo de desprenderte de las cosas que usas, ya que eres tan sólo el usuario, un usuario temporal, y no el propietario ni nada parecido. Da lo que tengas y hazlo ahora, mientras aún puedas, ya que muy pronto te serán despojadas.

—¿Qué cosas tengo que dar? —pregunté—. ¿Y cómo darlas para ser un Guerrero?

—Empieza con cosas materiales—respondió—. Observa a la gente cuidadosamente, ponte en su lugar, observa sus ojos, comprende lo que anhelan. Empieza con cosas simples, una taza de té, un par de guantes, incluso un trocito de pan para un pájaro.

Pensé que para alimentar a un pajarito no parecía necesario ser un poderoso Guerrero, pero justo antes de que el pensamiento aflorara en mi mente, levantó su puño hacia mí, casi amenazante. Su índice estaba estirado y los fuertes tendones se tensaron a lo largo de su brazo, hasta donde el hábito se doblaba sobre su hombro.

—Sólo un Guerrero —dijo con vehemencia— puede alimentar a un pájaro de modo perfecto.

Le miré desconcertado.

—Sólo un Guerrero —repitió— puede mirar al pájaro y comprender su verdadera naturaleza, así como la naturaleza de darle pan. Sólo un Guerrero puede comprender de manera perfecta que el acto de dar un trozo de pan a un pájaro puede ser la perfección de dar, que conduce a todo ser vivo de cualquier parte a la perfección completa y total. Para un Guerrero, la perfección del acto de dar es dar siendo totalmente consciente de la manera en que el acto de dar creará un paraíso, más allá de la muerte y el sufrimiento, para cualquiera que sea generoso de manera perfecta.

—Y ¿cómo dar de modo perfecto? —pregunté.

—Cuando damos con una consciencia perfecta de que si damos con el objetivo de alcanzar nuestra propia perfección, y así servir perfectamente a todos los demás, plantamos una semilla en nosotros para convertirnos en esta perfección.

—Así, si en el corazón es perfecta, la acción de dar es una perfección —dije.

—Exacto —replicó.

Algo me preocupaba acerca de esta idea:

—Es decir que ¿no importa realmente lo que damos siempre y cuando lo demos con esa intención perfecta?

—Si das con una intención perfecta —me corrigió— darás lo mejor que tienes de modo natural, lo que es más útil y deseado por los demás, valiéndote de todos los medios a tu disposición. Un guerrero es un Guerrero no sólo porque está dispuesto a dar su vida, sino porque hace todo lo que puede para entregarla una vez llegado el momento.

—Y así, ¿debemos darlo todo? —pregunté.

—Todo, pero con sabiduría. Dar más de lo que se puede dar y arrepentirse después de haberlo dado es un gran error. Entonces, debemos dar tanto como podamos, quizá más de lo que pensamos que podemos dar, pero nunca más de lo que nuestro corazón puede dar con alegría. Empieza con lo pequeño, pero hazlo constantemente hasta que puedas llegar a darlo todo. Sólo dándolo todo podemos alcanzarlo todo y ser capaces de dar de verdad todo a todos los que lo necesitan.

—¿Y solamente damos cosas? —pregunté de nuevo.

—Esta pregunta no hace falta que la hagas, pues tú sabes que el regalo más elevado que puedes recibir es el que te han concedido aquí en este suelo santo: el regalo de comprender lo que nos ha creado a nosotros y a este mundo, y el conocimiento de que puede convertirse en un mundo de gozo en vez de en un mundo donde todo lo bueno es arrastrado a la pérdida y al dolor.

Seguidamente me cogió por el brazo, como si me fuese a dirigir hacia la esquina oscura del Jardín, allí donde la luz de la luna ilumina la pared este y la corriente alimenta las flores. No había dado más de un paso cuando, de repente, soltó mi codo y me empujó a la derecha; casi tropecé, pero un poco confuso pude asirme y dar la vuelta. Su forma poderosa estaba encorvada en el suelo, su gran rostro ovalado e inteligente escrutaba la hierba con atención. Con su mano cogió una maravillosa mariquita carmesí, que desde la yema de su dedo corazón dio un leve giro, abrió sus alas y emprendió el vuelo.

Rió, y levantándose para llegar hasta mí, dijo:

—Este es el tercer tipo de dar, que es proteger: estabas a punto de pisar a nuestra pequeña amiga.

Me quedé de pie; miré la hierba a mis pies, pues sus palabras activaron un pensamiento que últimamente había estado royendo mi mente.

—Y si la hubiera pisado… —empecé.

—¿Sí? —su cuerpo se estiró ligeramente con el instinto de un debatidor que ha pasado años en el campo de batalla del pensamiento.

—Yo no la podría haber matado, a menos que ella tuviera alguna impresión en su mente que la impulsara a ser pisada; una impresión que quedó plantada en su mente cuando hirió a alguien en el pasado.

—Exacto —dijo con confianza evidente, como un espadachín que ya conocía los tres movimientos siguientes de su oponente.

—Y de no tener ella dicha impresión en su mente, yo no la podría haber herido; aunque la hubiese pisado habría fallado, y volaría sana y salva.

—También es cierto —dijo con un tono de bravura.

—Y así, en realidad —continué— no le regalaste nada, ni la protegiste en absoluto. Nada dependía de tu acto, no había motivo para apartarme con un empujón: todo dependía de las impresiones que ya tenía en su mente.

—Piensa con cuidado —replicó el Maestro Shanti Deva, como si fuese un hombre que hace una advertencia—. ¿Vés alguna contradicción entre haber hecho todo lo posible por salvar la vida de un ser y haber practicado la perfección de dar, aun careciendo de poder real para salvarle la vida a este ser?

—Parece una contradicción, una contradicción total —disparé inmediatamente— un acto del todo inútil.

—¿Así que tú piensas —continuó— que no hay Iluminados en absoluto, que no hay nadie que haya llegado nunca a la perfección?

—No veo la relación —solté a toda prisa, porque esta pregunta no parecía requerir una respuesta cuidadosa.

—Según tu modo de pensar —continuó con una fluidez perfecta, de nuevo como un espadachín que ha planeado su ataque minutos antes— estos seres nunca han logrado alcanzar la forma final de la perfección de dar.

—Pero por supuesto que la han conseguido —respondí—. Tú mismo lo dijiste: es su capacidad de llevar a cabo perfectamente los seis actos como el dar y el resto lo que les define como Iluminados.

—Pero ellos no han perfeccionado el dar — insistió.

—¿De qué estás hablando?

—Según tú, ellos aún no han perfeccionado el acto de dar, porque todavía hay pobres en el mundo que tienen deseos. ¿Cómo podrían haber perfeccionado el dar, cómo podría su acto de dar ser perfecto si todavía queda gente que necesita recibir desesperadamente?

Con esto, mi fluido de palabras no examinadas se aquietó. Empecé a pensar. Empecé a caer en la cuenta de que la idea de que la perfección de una virtud no consistía en el logro de sus resultados externos, sino más bien en la perfección interna de aquella virtud necesariamente acompañada por su expresión perfecta. Lo que quiero decir es que en aquel momento comprendí que si aprendía a practicar de un modo perfecto la caridad, no querría eso decir que la pobreza de todos los necesitados debería ser eliminada, porque la pobreza que cada persona experimenta es un resultado directo de su propia falta de caridad, y no cambiará hasta que aprenda a dar. Podía perfeccionar en mí la actitud de dar, podía aprender a dar todo lo que tenía y podía aprender a dar a todos los que han vivido hasta ahora. Pero al mismo tiempo, esto no implicaba que podía sentarme sencillamente y pensar en dar, y nunca llegar a hacerlo, porque nadie podría tener la intención perfecta de dar si esta intención no se expresaba en cada acción y pensamiento. Y así, le dije simplemente al Maestro Shanti Deva:

—Ya veo, ahora lo comprendo.

—Recuérdalo —dijo y echó a andar conmigo por el Jardín—, porque esto es verdad en relación a todas las perfecciones: es el camino del Guerrero.

Caminamos en silencio durante unos minutos y reflexioné sobre el hecho de que cuanto más comprendía más capaz me veía de permanecer en silencio, ya que el silencio era un reflejo del contento, del contento verdadero, una emoción que emanaba tiernamente del maestro a mi lado. Cuando aquella quietud pasó le pregunté sobre la siguiente perfección de un Guerrero.

—El segundo camino de un Guerrero —mencionó con su voz profunda— es vivir una vida buena: una forma de vida perfectamente ética, entendida como una forma de vida que evita cualquier tipo de perjuicio a otras criaturas.

—¿Quieres decir, mantenerse apartado de los diez actos perjudiciales? —pregunté.

—Sí —respondió—, y a medida que crezcas espiritualmente, debes estudiar y dominar códigos de vida más profundos y elevados, debes aprender más diariamente acerca de lo que es bueno y lo que no lo es.

—¿Qué otros códigos de vida existen? —pregunté.

—Tú ya conoces el código de los diez, y sé que te has comprometido de por vida al de los cinco. Cuando estés listo, debes continuar con el código de dejar el mundo, código según el que no posees nada, ni a nadie, ni casa, ni familia, ni riqueza, excepto tu compromiso con la forma de vida espiritual.

»Cuando estés lo suficientemente fuerte en este código, debes adoptar el código del Guerrero, una forma de vida guiada por el deseo de convertirte en un Iluminado, una forma de vida en la que no te mueves por el mundo como un extraño aislado en una tierra desconocida, sino más bien como el Guerrero, como el caballero de una orden, viajando por la vida como por un camino a través de un profundo bosque, y estás constantemente disponible para cualquiera que te necesite, cualquiera a quien puedas ayudar, cualquiera a quien puedas servir de cualquier modo, proporcionándole cualquier cosa, desde un pequeño favor a los regalos más elevados del espíritu.

»Y aún existe un código más elevado que este, un código que debes seguir en esta vida, pero éste sólo puedes aprenderlo de Otro, de Alguien a quien estés vinculado de un modo que ahora ni tan siquiera puedes imaginar. Para adoptar tú mismo este código, debes tener un amor casi insoportable hacia los demás y una igual capacidad de devoción.

Para entonces estábamos bajo la luz de la luna y al otro lado del manantial; incluso de noche, podíamos ver entre las piedras los pequeños capullos rojos en los diminutos cactus redondos que crecían entre las piedras. Permanecimos de pie juntos, serenamente parados junto a la orilla mirando hacia abajo al agua; y sentí una profunda quietud, mi mente fluía con el suave correr del agua como las olas que fluyen en el mar. Y de repente, el Maestro Shanti Deva me empujó como antes, sólo que esta vez yo perdí el equilibrio y caí extendido sobre el agua hasta alcanzar las rocas del otro lado, rozando mi mano con las espinas que había entre ellas. Maldiciendo me volví para levantarme, y le vi sobre la hierba con la cabeza levantada hacia las estrellas, emitiendo profundas risotadas. Sentí una aguda punzada de dolor, confusión y exasperación ante un acontecimiento tan inesperado, que tenía un origen tan imprevisto. Me quedé quieto mirándolo fijamente y pidiéndole con mis ojos alguna explicación.

—El tercer aspecto de un Guerrero —exclamó—, la tercera perfección, es la siguiente: el arte de aprender a no enfadarse en el instante mismo en que empieza a arder el enfado. Es quizás la más difícil de todas las artes espirituales; requiere habilidades infinitamente mayores que muchas de las largas meditaciones y otras prácticas con las que la gente se deja impresionar fácilmente.

—Creo que podía haber entendido este punto —dije secamente— aunque no me hubieses prácticamente roto la pierna.

—Aquí hay dos cosas que quería enseñarte —dijo el Maestro, como si ni siquiera hubiera oído mis quejas—. Pero ven primero, siéntate aquí sobre este lecho de hierba y sécate. Dame primero esos zapatos húmedos.

Me senté en la orilla de la corriente, me quité los zapatos y se los entregué a Shanti Deva, que los cogió y caminó hasta un montón de gavillas amarillas debajo de una palmera cercana. Se giró, se sentó despacio y me esperó. Yo me levanté y caminé hacia él, pero inmediatamente tuve que detenerme acuciado por el dolor: me había dejado allí descalzo y tenía que cruzar una pequeña superficie de zarzas sin zapatos.

Me miró con una sonrisa maliciosa y continuó hablando, como si no se hubiera percatado de mi apuro.

—La primera lección es que, como ya habrás notado en tu vida, las situaciones dolorosas pueden llegar en cualquier momento. Las cosas que te disgustan, la gente que te hace enfadar, las situaciones que ponen a prueba tu paciencia te rodean, están en todas partes, y te sorprenderán cuando menos lo esperes, y vendrán de la gente que menos esperas.

Yo me estaba abriendo camino por entre las zarzas, sin apenas escuchar sus palabras. Me encontraba demasiado adentrado en el zarzal para dar la vuelta, y demasiado lejos de donde él se sentaba para seguir. Me quedé quieto y esperé una pausa, pero no hubo ninguna.

—La gente que no te gusta es incontable. Las situaciones que te disgustan son infinitas. Si te deshaces del encargado de la biblioteca, créeme, en una semana aparecerá otra persona que desafiará tu paciencia. Recuerda, son producidos por las impresiones de tu mente: te desembarazas de uno y aparece otro. Escápate de una relación para evitar una pareja conflictiva, trasládate a un nuevo vecindario para evitar una situación indeseable, o escápate del trabajo para evitar a un compañero desagradable y verás cómo en poco tiempo todos serán reemplazados.

Su charla empezaba a ser demasiado para mí; estaba empapado, las plantas de mis pies ardían de dolor y ¡ni tan siquiera me miraba para darse cuenta!

—Tal vez —dije— pero realmente creo que mi vida sería mucho más agradable si tan sólo pudiera evitar a una o dos personas, como el encargado de la biblioteca y si pudiera tener más ingresos para mejorar mi habitación.

—¿Y qué hay del caballo?

—Ah sí, y el caballo también, quisiera uno que fuese un poco más obediente; resulta un incordio por la mañana, cuando lo preparo para el viaje y ya voy retrasado —respondí, intentando apartarme de las zarzas para ir hacia la izquierda, pero allí encontré los pinchos aún más secos y afilados. No me podía creer que no se dignase a ayudarme.

—Y el camino a tu casa?

—Tienes razón, me había olvidado. La mitad del trayecto a casa es polvoriento y la tercera parte de él es pedregoso. Es muy exasperante aquellos días en que estoy agotado de tratar con el encargado de la biblioteca.

Intenté comprobar si podía limpiar el suelo de pinchos debajo de un pie, y luego levantar el otro pie hasta mi rodilla y por lo menos sacarme algunos pinchos del talón y otros puntos que habían aguantado mi peso. Ya me había dado cuenta de que Shanti Deva no sólo era totalmente consciente de mi problema, sino que intentaba deliberadamente que me hiciera daño. Miré hacia atrás, hacia el arroyo con la idea de irme, si podía llegar.

—¿Olvidaste aquel libro de notas que intentabas leer?

A mi pesar apoyé mis dos pies firmemente, con un poco de fuerza.

—¡Aquel libro! ¿Quién pudo escribir algo así? ¡Y sobre un tema tan importante! ¡No puedo creer que no intentara organizarlo con un poco más de cuidado! —Y, con este pensamiento mi paciencia finalmente estalló:

—¿Y no podrías levantarte un momento para ayudarme, por favor? —le exigí.

Se incorporó al instante, y de un salto cruzó el espacio entre nosotros; era realmente bastante alto y fuerte, y su fuerza estaba totalmente concentrada en mí.

—¿Qué estás haciendo? —rugió.

—¡Intento cruzar un terreno cubierto de pinchos sin tu ayuda! —dije en un silbido.

—No, no me refiero a eso, ¿qué haces con tu mente? —inquirió.

—Obviamente, intento pensar en un modo de cruzar estas zarzas —contesté.

—¡Eso no! Quiero decir, ¿eres consciente de adónde van tus pensamientos?

Hice una pausa y respondí:

—Estábamos pensando en algunos problemas de mi vida, en algunas cosas importantes que, si las pudiera cambiar, me harían más feliz.

—Pero ¿no se te ha ocurrido pensar que estás haciendo una lista de cosas que componen casi cada detalle de un día? ¿No te has dado cuenta de que las cosas que te preocupan, las cosas que te disgustan o te irritan, conforman casi todos los aspectos de tu vida?

De nuevo me detuve, y de nuevo comprendí que tenía razón. Aunque eliminase lo que se podría llamar la primera capa, el primer nivel de aquellas cosas irritantes de mi vida, encontraría otra capa debajo de ella, y aún otra debajo. Era interminable y, tal y como entendí con el fondo de mi mente, el problema no era tanto una función de la naturaleza de mi vida como un reflejo de mi propia mente, un estado de mente que con el tiempo encontraría fallos a cualquier cosa que se pudiera presentar.

Se puso de pie delante de mí y asintió, como si supiera lo que yo acababa de comprender. Luego se arrodilló entre las zarzas, subió mi pie descalzo hasta su rodilla, y empezó a arrancar cada pincho afilado con atención y cuidado perfectos. Lo hizo en silencio, y de modo tan natural que no tuve tiempo de reflexionar en lo extraño que resultaba que una de las personas más extraordinarias que ha vivido en este planeta estuviese arrodillado ante mí, amando mis heridas como lo haría una madre. Con la mano sacudió mis pantalones a la altura de las pantorrillas, y me di cuenta de que la ropa se había secado hasta ponerse suave y cálida, y mis pies se sentían calientes y vibrantes, envueltos en su mano al deslizarlos él en mis botas, también secas y suaves. Se levantó y dijo dulcemente:

—Camina ahora hacia el árbol y siéntate un poco conmigo. Siento haberte causado dolor, pero quiero que te acuerdes de estos pinchos, del remojón y de la repentina caída.

—La manera que tienes de pensar en tu mundo es el camino de un loco y no el camino del Guerrero. Deja de ver tu viaje a lo largo del día como una carrera de obstáculos, formada por gente, cosas y situaciones desagradables contra las que debes luchar. No puedes derrotarlos a todos, no puedes enfrentarte a cada persona irritante y eliminarla, igual que tampoco puedes quitar todas las piedras del camino que te lleva a la biblioteca.

—En tu mente subyace la idea de que tu vida sería mejor si pudieras eliminar unas cuantas de las peores cosas que te suceden, pero esto es una trampa interminable. Si sigues permitiendo que esta idea permanezca entre tus pensamientos, ten por seguro que te continuará haciendo desgraciado, porque jamás se hará realidad. Si piensas en ello un momento, tendrás que admitir que es así. Tu mundo, al menos el mundo tal y como lo concibes ahora, es igual que este suelo de pinchos, y no porque lo desees será un lecho de hierba suave.

»Imagina a un loco corriendo con sus pies descalzos por todo este jardín, arrastrando de acá para allá grandes trozos de cuero que deja caer sobre cada superficie de pinchos y cada piedra o suciedad a lo largo de todo este lugar. Y luego mira hacia abajo; observa tus propios pies cubiertos con unas simples botas de cuero, que fácilmente pisan las zarzas y te llevan a esa agradable palmera de allí. No puedes luchar contra cada objeto o persona desagradable del mundo, del mismo modo que no puedes cubrir el planeta entero con cuero. Es mejor llevar zapatos, es mejor aprender el exquisito arte de derrotar el propio enfado, es mejor aprender la ecuanimidad.

Después me llevó hasta el asiento de hojas secas de palmera, y disfrutamos brevemente del aire de la noche. Seguidamente una pregunta vino a mi mente:

—Pero a menudo te sientes mejor si exteriorizas tu enfado abiertamente, es un alivio sacarlo fuera de uno.

Se rió con su carcajada profunda y me miró a la cara.

—Por supuesto es bueno ser honesto y hacerle saber a alguien de forma sincera y apropiada cuándo nos está perjudicando a nosotros o a los demás, si tenemos una cierta seguridad de que con ello mejorará la situación. Pero la idea de que cualquier pensamiento o expresión de enfado pueda ser algo bueno...—volvió a reír— supongo que sólo te lo puedes creer si desconoces el modo en que las impresiones se colocan en la mente, o si has fracasado estrepitosamente a la hora de comprender lo destructivo que puede ser el enfado.

»Y esto me lleva a la segunda lección que esperaba enseñarte con las zarzas. No sólo debes aprender a llevar zapatos, sino que has de reconocer claramente el rastro de devastación que deja el enfado tras de sí. Hubo un momento, mientras te encontrabas entre los pinchos, en que estuviste a punto de dejarme, un momento en el que dejaste de escuchar por completo; estuviste a punto de echar a perder en un minuto todo lo bueno y puro que ha habido entre nosotros esta noche santa, y todo porque te sentías un poco incómodo.

»Quiero que lo recuerdes, acuérdate de que hace unos pocos minutos estabas a punto de marcharte; y en las noches que vendrán entre tú y los seres santos caminando contigo por este Jardín, quiero que reflexiones en cómo, por un momento de ira con Shanti Deva por culpa de unos pequeños pinchos en tus pies y un poco de humedad en tu cuerpo, casi abandonaste lo que será la recompensa más elevada de toda una vida. No, no puedes permitir que se manifieste el enfado, ni por un momento, ya que es capaz de destruir todo lo que has construido y todo lo que podrías conseguir.

Se sentó en las suaves hojas y me coloqué a su lado, emitiendo inconscientemente un profundo suspiro, ya que me daba cuenta de la gran verdad que decía y la poca fuerza que yo tenía. Me agarró del hombro, sonrió y miró conmigo el Jardín:

—Sé paciente, con el enfado, incluso con ese enfado fruto de la frustración por lo que parece ser un progreso lento en este Sendero. Mantén la cabeza equilibrada, mantén un flujo de ecuanimidad, no sólo con los obstáculos y problemas externos sino con respecto a ti, sé amable contigo mismo, anímate: es mucho mejor para llegar a lo que quieres ser.

»Los sabios sufren durante sus estudios espirituales y si sólo buscas la comodidad nunca llegarás a serlo. No estés excesivamente apegado a los pequeños placeres, busca los más elevados. Aprende no sólo a enfrentarte con el dolor sino a verlo como un instrumento, como un sendero en sí mismo: te hace honesto, humilde, te permite tener sentimientos por quienes son menos afortunados que tú. Rendirse ante la frustración o el enfado sólo puede destruir. Aprender a vivir con el dolor y utilizarlo es una habilidad que te será muy útil durante todo el camino hasta el día en que, por fin, estés más allá del dolor. Un Guerrero verdadero aprende a ser inamovible.

Permanecimos sentados un poco más, y luego mi pequeña aventura, la larga noche y, sobre todo, la tensión de aprender cosas nuevas y de examinar mi corazón con honestidad empezó a agotarme, y caí en un ligero sueño. Mientras dormía soñé, y me vi a mí mismo de niño pensando en las vacaciones del Día de Mayo —hacía muchos años que no me acordaba de este día. Estaba en la escuela sentado frente a un pupitre de madera. A través de la ventana veía la mañana soleada y a mis compañeros ataviados con alegres ropas de primavera. Bailaban alrededor del Arbol de Mayo, sosteniendo cada uno el extremo de una cinta de color atada a la copa del árbol, cantando y saltando en un círculo que giraba hacia la izquierda. Yo estaba solo en la clase, y me sentía atraído por la fiesta, pero por algún motivo era incapaz de levantarme y salir a jugar.

Entonces un amable monje con ojos oscuros y una sonrisa suave entró y me llevó a un lugar con ventanas altas y grandes por las que entraba la luz del sol, que hacía brillar el extenso suelo de madera suave y lustroso. Me empujó con dulzura hacia el centro de la luz del sol y el aire y dijo: "Baila, baila cuanto quieras, inventa tu propio baile". Corrí hacia el sol, en medio de lo que era una gran catedral vacía inundada de luz, y empecé a girar, tan sólo girar, era el baile de un niño que no piensa en nada, con los brazos estirados y la cabeza hacia atrás, riendo.

Shanti Deva tocó suavemente mi brazo; estaba de pie, su cuerpo grande y fuerte quedaba enmarcado por la luz de la luna, y sus hábitos le daban un porte regio.

—Ven ahora —dijo con suavidad.

—Estoy un poco cansado —repliqué— ¿No podría quedarme sentado un rato más?

—Podrías —contestó gentilmente— podrías, pero no hay tiempo.

—Tenemos toda la noche.

—No puedes estar seguro.

—Tan sólo unos pocos minutos.

—No te hace falta.

—Sí me hace falta.

—No es cierto.

—De verdad, tan sólo un poco.

—Nos vamos ahora.

—¿Dónde? ¿Por qué?

—Tu madre.

Me senté de golpe.

—¿Mi madre?

—Tu madre. Ven.

—¿Está aquí?

—No he dicho esto.

—Entonces, ¿qué quieres decir? —dije, siguiéndole a mi pesar.

—Ella te espera, te necesita, quiere que vayas. ¿Vas a descansar o vas a venir?

—Voy a ir, por supuesto.

Sentí una fuerza nueva, el cansancio había desaparecido por completo y me encontraba ligero y alegre.

—Sabía que vendrías —y empezó a caminar rápido y decidido hacia delante; no tuve problema alguno en seguirle.

—Estás bendecido por la fuerza de la bondad; sientes la alegría de saber que practicas la bondad, presientes la gran virtud que proviene de levantarte para servir a tu madre.

Y en verdad me sentía renovado de un modo desconocido, y en pocos momentos estábamos en el querido banco de madera a los pies del algarrobo. La escuela de Ella. Aquí Shanti Deva se dio la vuelta, describiendo la parte inferior de sus ropajes un gran arco, y me cogió de las manos.

—Aquí es donde sucederá, y pronto —dijo con alegría.

Mirando su rostro esperanzado no pude impedir una sonrisa, viendo brillar la suya propia.

—¿Qué? ¿Qué sucederá?

—En este suelo santo —dijo señalando hacia el pequeño lecho de hierba donde Ella y yo a menudo habíamos yacido— que pronto será más santo, pues alguien mucho más elevado que yo te instruirá de modo perfecto en las dos últimas de las seis perfecciones.

Tomé aliento porque, a pesar de la larga noche en el Jardín, sabía que sólo me había mostrado tres de las perfecciones, y todavía quedaban tres más. Me había enseñado a dar, a seguir una vida de bondad y a destrozar el enfado, sólo estas tres.

—Pero ¿y la cuarta perfección? ¿Quién me la enseñará? —me lamenté temeroso de perdérmela.

—La cuarta es la alegría, la alegría de ser bueno, la alegría de hacer el bien; el sentimiento de la bondad y el buen sentimiento que te hace levantarte aún cuando estás cansado para seguir haciendo lo bueno: una bondad que una vez la has saboreado ya no te cabe duda de su dulzura. Simplemente acuérdate de que tu madre espera, y de que cada momento que pasa sin ti, cada momento de dolor y confusión, allí donde esté, es un momento que debes aprovechar para levantarte y esforzarte en las cosas más elevadas del espíritu, para poder alcanzarla y llevarle esos regalos sublimes.

»Es un sendero de alegría hacia una ciudad gozosa, es un trabajo alegre que tienes que hacerle llegar. No hay razón por la que desanimarse, ninguna razón por la que dudar, nunca debes dudar, no hay ninguna razón para volverte atrás. Lo único que hay detrás de ti es la muerte, atrás queda y desaparece para siempre una forma de vida que sólo conlleva dolor en el presente y dolor en el futuro. Una vida en la que se acumulan cosas y gente para perderlos de nuevo. Ahora estás en el camino correcto, has encontrado el camino correcto, regocíjate, corre hacia delante, encuéntrala, baila, baila cuanto desee tu corazón —y de nuevo rió con aquella profunda carcajada, mientras a los dos se nos llenaban los ojos de lágrimas.

La Vacuidad

Y de este modo, el tranquilo ratoncito de biblioteca empezó en secreto a vivir la vida de un Guerrero. Verdaderamente era una experiencia nueva, una nueva manera de ver el mundo en el que siempre había vivido, ya que el campo de batalla de este particular Guerrero era la vieja biblioteca de siempre, mi pequeña habitación en la ermita, y el camino por el que bajaba para ir al mercado a comprar verduras para la noche. Me sentía una persona diferente, ya que mi objetivo en la vida era totalmente distinto al que había tenido en el pasado. Antes, vivir era parecido a pasear por un bulevar repleto de tiendas en las que yo era un comprador, un consumidor que mira los escaparates para ver si hay algo que quiere, y después hace todo lo posible para obtenerlo.

Como Guerrero la vida era del todo diferente. Yo era un caballero andante con una reluciente armadura, caminar sobre mis pequeños pies era como montar un poderoso caballo; mirar a mi alrededor en la biblioteca o en la carretera era como observar una vista espléndida desde un trono real: observaba a todos mis súbditos alrededor, a todos mis hijos, y soñaba diferentes maneras de servirles, de hacerles felices, asegurando su felicidad futura y última. Les ofrecía lo que podía: una palabra amable, una mirada cariñosa, una palmadita en la espalda, el poco dinero que tenía, y palabras espirituales de ánimo que creía serían capaces de escuchar con alegría. Al mismo tiempo, desde el fondo de mi mente, les ofrecía grandes montones de joyas, profundas realizaciones espirituales, todas las cosas del mundo que nadie reclama como propias: el azul del cielo, el sonido del mar, las flores que crecen en cada montaña del planeta. Y lo hacía de modo sincero, aunque nadie nunca lo sabía. Lo hacía con el deseo de que todo lo que les ofrecía pudiera ser algún día suyo, especialmente la Iluminación; y sobre todo encontré una alegría plena y profunda que crecía en mí diariamente, hora tras hora.

A medida que aumentaba esta alegría lo hacía también mi sed, ya que era consciente de que mis lecciones aún no estaban completas, y al igual que un caballo sabe cuándo está cerca del agua, casi sentía una obsesión por alcanzar los objetivos que ahora sabía eran accesibles. Quería encontrar la perfección, sabía que podía acercarme a mi madre, ahora la sentía próxima, y mi intuición me decía que también podría volver a ver muy pronto a mi Dama Dorada, y que al final de mi búsqueda, al hallar lo que estaba buscando, mi madre, los maestros del Jardín y la Dorada, todos se unirían unos con otros. De ese modo regresé al Jardín, pensando que quizás había llegado la noche en que esto tuviera lugar.

Recuerdo claramente la fecha en que sucedió, nada me lo podría hacer olvidar: fue el 28 de Julio, cuando el verano estaba en su punto más álgido. Entré en el Jardín tarde por la noche, bastante después de que el calor del día sobre la tierra hubiera refrescado. Me senté a los pies del banco debajo del algarrobo, saboreando el dulce olor de la brisa del desierto, dulce respiro de la aún calurosa sensación diurna, una sensación que al tocar el rostro secaba la nariz y los ojos, como el aire de un horno.

Me senté y me preparé para meditar, llevando a cabo los pasos preparatorios lentamente, con deleite, como si me calzara un viejo guante suave o empezara una conversación con un amigo apreciado. Estaba casi listo cuando sentí un movimiento en el portalón del Jardín y una forma pequeña se movió con tranquilidad al lado de las filas de rosas del desierto carmesí situadas en la pared del norte. Esa forma se inclinó junto a un arbusto, como si orase en silencio, y luego siguió caminando de nuevo.

Pude ver la cabeza de un monje; era bien parecido y de corta estatura, con el pelo negro como el terciopelo, y después iban los hábitos y el cuerpo. Sin haber visto mucho más que estas pocas pinceladas, involuntariamente ya me encontraba de pie, con las manos unidas a la altura de mi pecho, inclinado con profundo respeto. Levanté la vista sobrecogido, casi temeroso, ya que delante de mí se encontraba Gautama, el Buda en persona. Y aunque no era en absoluto como le podría haber imaginado, no cabía la menor duda de que se trataba de él.

No era alto, su estatura era media, su cuerpo daba una impresión de ligereza y se inclinaba ligeramente, en un gesto de modestia que casi parecía timidez. Cada uno de sus movimientos, así como su apariencia entera eran sencillos y graciosos. Sus hábitos, colgaban de modo simple, suave y natural, después de haberlos llevado toda una vida. No se podía adivinar su edad, se diría que unos 27 ó 28 años, pero su rostro no mostraba pista ninguna. En sí mismo era simple, y la primera impresión, además de su modestia, era la de una completa honestidad: los ojos, gentiles y abiertos raramente pestañeaban; a menudo bajaba la vista con humildad. Su cara mostraba una serena felicidad, expresada en una ligera pero graciosa sonrisa y en un rostro suave e inteligente. Su piel y demás eran idénticos a los míos o a los vuestros. No era que estuviera desprendiendo luz o algo parecido, pero sí emitía un tipo de brillo diferente, sin color o forma, una especie de ternura clara que bañaba sus ojos, su rostro y sus manos gentiles y descendía hasta sus humildes pies desnudos. Y esta ternura irradiada llenaba todo el Jardín, bañaba mi ser y me invitaba a inclinarme ante Quien no parecía necesitar ni desear ninguna inclinación. Y me incliné.

—Siéntate —dijo con serenidad— siéntate por favor.

Instintivamente lo hice en la hierba ante el banco, y una vez sentado me incliné de nuevo rogando que se sentara en el banco. Lo hizo de modo natural, aunque con un poco de duda, como si no se considerara merecedor de dicho trono. Y se sentó suavemente, mirando hacia la hierba casi con vergüenza, como una niña sola ante un extraño. Nos sentamos en quietud.

Después de un rato alargó su mano hacia mí, y vi que había cogido una de las rosas rojas de los arbustos del camino de entrada. No dijo nada, sólo la sostuvo ante mí como instándome a mirarla, cosa que hice. No intercambiamos palabras, simplemente miré la rosa, sin tener ni idea de lo que él podía ver en ella, ya que aún me sentía demasiado sobrecogido para mirarle a la cara.

De repente retiró la rosa, y poniendo tres de sus dedos debajo de mi barbilla levantó mi rostro despacio para poder verme y dijo: —"Rosa".

Con los mismos dedos de ambas manos tocó mis párpados y los cerró, dejando allí sus dedos. En mi mente imaginé una rosa, una rosa roja perfecta.

Luego sus dedos abrieron mis ojos y se me acercó sosteniendo la rosa y dijo: —No pienses "Rosa".

Intenté no pensar "rosa". Intenté no ver la imagen que acababa de ver de la rosa y miré de nuevo su mano. Durante un breve instante, como un breve flash, vi una puntita de rojo en la oscuridad del aire nocturno, después mi ojo saltó hasta algo redondo y rojo, seguido de una cosa verde, delgada y recta. Y después, al momento siguiente, volvía a mirar una rosa.

—Otra vez —dijo simplemente.

Me permitió mirar a la rosa, después retiró la mano y con dulzura cerró mis párpados y de nuevo dijo:

—"Rosa"—.

Pensé "rosa": allí estaba el esbozo y el color de una rosa en mis pensamientos; luego, con suavidad volvió a abrirme los ojos y repitió: —no pienses "rosa".

Extendió la mano, y una vez más, mis ojos vislumbraron algunos colores y formas, y un instante después vi una rosa en mi mente y ante mis ojos.

Se inclinó, con el dedo tocó el suelo y levantó con la yema una diminuta hormiga negra. Colocó el dedo junto a la rosa y dejó que la hormiga subiera a la flor. La hormiga empezó a correr por los pétalos, asomándose al inconsistente aire y dándose la vuelta después; corriendo de un lado a otro, asomándose al aire, casi cayéndose de la rosa y luego retrocediendo con un pavor obvio. Gautama bajó la rosa hasta el suelo, y la hormiga negra corrió hacia la hierba.

Luego cogió la rosa en su mano, y todo lo que yo podía ver era el torso de su mano. La llevó hacia su rostro y sus profundos ojos marrones se abrieron mucho, mientras contemplaban la rosa con la cabeza ligeramente inclinada. Lo único que podía ver eran sus ojos, pero en ellos había una especie de contento extraordinario, como una extraordinaria felicidad al mirar la rosa. En aquel momento supe que veía algo que, en mi condición presente, nunca podía ver: experimentaba algún profundo estado de gozo activado por la misma cosa que yo había mirado, y supe que no podía tratarse de lo mismo que yo había visto. Gautama cerró suavemente la mano alrededor de la rosa y volvió sus ojos brillantes hacia los míos.

—Durante un momento —dijo despacio— viste la rosa antes de pensar "rosa", y eran sólo unas cuantas formas y colores. Después, tu mente pensó en ellos como en una "rosa". La pobre hormiga percibió también estas mismas formas y colores, aunque lo único que pensó fue: "amenaza" y "muerte", y así se apresuró para salvar la vida. Cuando yo miré estos mismos colores y formas, ví toda la eternidad, vi la mente de cada ser en la existencia, y les amé.

Gautama hizo una pausa, cerró los ojos como esperando que mi mente retuviera sus palabras y pudiera pensar en ellas claramente antes de continuar. De nuevo alargó la mano y la abrió ante mis ojos, y me preguntó: —¿Quién vio correctamente esta cosa? ¿Qué es esta cosa? ¿Es una rosa? ¿Es el Señor de la Muerte? ¿Es toda la humanidad y el amor perfecto?

En su presencia sentí como si mi mente fuera la de otro, como si perteneciera a algún gran santo Iluminado y no tuve la menor duda en responder, ni siquiera necesidad de hacerlo con palabras. Lo que tenía en la mano era todas estas cosas, era cada una de ellas y ninguna de ellas. Para cada uno de los tres que la miraron, era en verdad lo que ellos vieron; era en suma todo lo que parecía ser a los tres, y a la vez nunca podría ser tres cosas completamente diferentes: era lo que vio cada uno.

Volvió a cerrar la mano e hizo otra pausa. Se inclinó hacia mí y me susurró con vehemencia:

—Mírala ahora como a la eternidad, como a toda la humanidad, y conoce el amor perfecto que tengo hacia ellos.

Volvió a abrir la mano y casi en trance por la alegría, miré con avidez hacia la palma de su mano y vi... una simple rosa roja.

Cerré los ojos decepcionado y sólo dije:

—No puedo.

—Lo sé— dijo él.

—¿Por qué?

—Lo sabes muy bien: sólo puedes ver lo que tu mente te hace ver; sólo ves lo que las impresiones en tu mente te permiten ver, aunque mires lo mismo que yo miro cuando veo toda la eternidad, toda la vida y siento todo el amor.

Cerré los ojos y pensé "rosa". Los abrí y vi "rosa". Recogió sus piernas cruzándolas sobre el banco, por debajo de sus hábitos, y entró en meditación. Yo crucé las piernas y entré en meditación. El silencio fue mayor. Perdí los sonidos del Jardín, y después perdí los olores y sentimientos del Jardín, así como la sensación de estar sentado en el Jardín. Luego, perdí incluso la sensación de pensar y hasta de mí mismo. Era una serenidad total y perfecta.

Vi la vacuidad. Y era solamente esto. No había nada más.

Cuando acabé, las cosas regresaron a su lugar. Fui consciente de que descendía, y volví a ser consciente de mí mismo. En aquel momento supe que por primera vez había visto la vacuidad.

Supe que había visto a un Iluminado, y también supe que los Iluminados realmente existen.

Supe que yo mismo me convertiría en un Iluminado en el espacio de siete vidas, y que mis vidas futuras eran completamente ciertas.

Supe que el Sendero era perfectamente verdadero.

Supe que cuando me convirtiera en un Iluminado no me llamarían por mi nombre.

Supe que esas siete vidas serían buenas, sin más sufrimiento; estaría rodeado de padres amorosos, de maestros eruditos, de amigos espirituales y de enseñanzas, de todo lo que fuese necesario, sin faltar nada.

Supe que lo que había visto era cierto. Nunca podría dudar sobre estas cosas. Supe que no estaba equivocado, que no estaba engañado ni loco. Supe que nadie, nunca, podría decir nada que pudiera hacerme dudar de lo que había visto.

Supe que conocía lo que cada libro santo en el mundo decía. Que conocía por entero el gran océano de conocimiento como si se hubiera reducido a una lágrima en el ojo de un niño. Supe la verdad acerca de estos libros santos, y supe que iba a dedicar mi vida a mantenerlos en este mundo para los que vinieran detrás de mí.

Amaba toda cosa viva. Una luz salió de mi pecho, una poderosa columna de luz incolora y tocó a cada ser vivo, y supe entonces que siempre viviría para cada uno de ellos, y sólo para ellos, y que ya no habría otra cosa que hacer para mí.

Supe que las imágenes de los Iluminados eran verdaderas, y que se tenían que cuidar. Supe que debía postrarme ante ellas, y cuando era el momento de hacerlo, me tiraba al suelo ante ellas.

Supe que había visto una realidad diferente, una realidad auténtica, una realidad en verdad más pura y elevada. Supe que no había nada como esta realidad en la realidad que yo había conocido. Supe que la realidad que había conocido no era una realidad pura. Supe que no había nada en esa realidad que pudiera llegar a ser puro. Pero supe que, de todas las cosas de esta realidad, el diamante era, aunque en menor grado, lo más próximo a la pureza: pura dureza, pura claridad y pura transparencia, casi.

Supe que moriría. Supe que mi mente aún no era pura. Supe que mi mente veía las cosas de modo erróneo, y que siempre había sido así, hasta el momento en que vi la vacuidad. Supe que incluso ahora, una vez había regresado, seguiría viendo las cosas de modo erróneo, y continuaría así hasta estar casi Iluminado. Supe que podía leer las mentes. Supe que, si me desarrollaba como era debido, podría llevar a cabo milagros.

Supe que desde ahora era alguien diferente porque, de toda la gente en el mundo, había visto la vacuidad, había visto todas estas otras cosas, y ya no tenía que sufrir como antes. Se había acabado. Estaba en el camino de salida, con toda seguridad, una dulce seguridad que llevaría siempre conmigo. Miré a Gautama agradecido. Me observó en total silencio, con completa alegría. Él lo sabía todo.

El Ángel

Después de la experiencia con Buda en el Jardín, mi vida entera cambió. Imagina a una persona que conoce todo lo que le sucederá en el futuro y ha visto la más elevada de todas las cosas. ¿Qué le queda por hacer? Los efectos de lo que había visto y comprendido continuaron durante muchos años, y cada vez se hacían más y más claros. También hicieron crecer dentro de mí otras cosas, comprensiones y anhelos que se irían haciendo más profundos y más dulces cada año que pasase. Al poco tiempo sentí la necesidad de dirigirme al amable abad de la ermita y pedirle que me otorgara los votos de un monje completo. No hubo grandes cambios en mi vida externa sino al contrario, más bien me sentía como si hubiera vuelto a casa: sentía que la vida de monje era mi condición natural, y después de la ceremonia de ordenación viví honestamente como un monje, casi sin percatarme de ello.

El trabajo en la biblioteca adquirió un nuevo significado: me sentí obligado a buscar más conocimiento acerca de todas las cosas que me habían ocurrido en el Jardín. Así, empecé a leer cuidadosamente las grandes obras espirituales allí guardadas. Con el tiempo, a lo largo de los años, fui encontrando los libros santos que cada uno de los maestros del Jardín había dejado. La enseñanza referente a la cuchilla de afeitar y la miel la encontré en la Guía a la Forma de Vida del Guerrero, del Maestro Shanti Deva; la explicación de la verdad del dolor en el Gran Libro de las Etapas del Sendero, el Gran Tsong Khapa, donde también se encontraban todos los detalles de la meditación enseñados por el Maestro Kamala Shila en su trabajo sobre las Etapas de la Meditación.

Cualquier duda adicional que pudiera tener sobre las pruebas del maestro Dharma Kirti acerca de la existencia de las vidas pasadas y futuras encontró respuesta en el segundo capítulo de su Comentario de la Percepción Válida. Muchas enseñanzas de Vasu Bandhu sobre la muerte las encontré en la Antología sobre la Impermanencia, palabras del Buda mismo, y también en la meditación sobre la muerte del Gran Libro. Los reinos infinitos y de terror a los que él había aludido, los encontré con todo detalle en uno de sus propios escritos: La Casa del Tesoro del Conocimiento más Elevado. Alcancé una comprensión muy fidedigna de los estados negativos de la mente contra los cuales Maitreya me había enseñado a pelear a partir de los diversos trabajos sobre la perfección de la sabiduría, y especialmente el suyo propio, Adorno de las Realizaciones, así como por comentarios posteriores basados en éste.

La enseñanza sobre las impresiones y el papel que éstas juegan en nuestras vidas y en nuestro mundo, lo hallé tratado en profundidad por el Primer Dalai Lama, en su comentario acerca del cuarto capítulo de la Casa del Tesoro, del Maestro Vasu Bandhu. Detalles tan importantes sobre cómo las impresiones son almacenadas en la mente y cómo maduran en ella, también los descubrí en el debate del Gran Tsong Khapa acerca de las creencias de la escuela Sólo Mente, conocido como la Clarificación del Pensamiento Verdadero. Localicé los más refinados puntos de una forma de vida ética en el trabajo del maestro Guna Prabha llamado, Sumario de la Disciplina y en posteriores explicaciones del mismo, especialmente el que compuso Tsonawa, el que todo lo sabe.

La esencia de la instrucción que recibí del Maestro Asanga —es decir, los detalles de la meditación sobre dar felicidad y tomar el sufrimiento con la respiración— la encontré en el Ofrecimiento Sagrado a los Maestros, del primer Panchen Lama, y en las exquisitas explicaciones de Lama Dharma

Bhadra. Encontré más sobre los actos de un guerrero según la enseñanza de Shanti Deva, en su Guía por supuesto y en la Guía del Camino Medio, del Maestro Chandrakirti. Fue en este último libro, y también en el Tallador del Diamante, del mismo Buda, donde encontré algunas limitadas descripciones de mi última experiencia en el Jardín. Ya que no regresé al jardín; y dichos estudios, aunque se dice rápido, me llevaron unos veinte años. Fue lo que tardé en examinar, entender e interiorizar plenamente todo lo que vi en aquellos pocos minutos con el Buda. Oré y medité de modo regular, serví al abad de la ermita, leí con mucha atención los textos sagrados de la biblioteca, y maduré mental y espiritualmente. En honor a la verdad, a lo largo de los años fui pensando menos y menos en mi madre. Era una parte natural de mi vida, que se había convertido, ella misma, en la búsqueda que había empezado justo después de su muerte: ya no pensaba simplemente en encontrarla y ayudarla, sino que más bien mis días y noches enteros se habían convertido en un sendero por el que debía viajar si quería volver a verla o estar con ella de nuevo. Tenía también un sencillo retrato de la Dorada que le habían hecho cuando era niña, sosteniendo un pequeño ramo de flores y brillando como el Sol. Tenía el retrato junto a mi cama, y lo miraba a menudo, y sabía que Ella estaba en el mundo, y que llegaría el momento de encontrarme ante su presencia una vez más.

El mensaje lo trajo alguien que yo nunca había visto, muy tarde, una noche. Era un simple papel doblado que decía: "Ven al jardín". No estaba firmado, aunque inmediatamente supe que venía de su mano. Como había sucedido a menudo en mi juventud, no había ninguna otra indicación, ni día ni hora y, como entonces, tuve que sentarme tranquilamente solo y pensar cuándo debía ir al Jardín. Había sido luna nueva hacía sólo unos días, y yo sabía que a ella no le habría gustado que yo fuera a su encuentro en aquella oscuridad. Aún faltaba bastante para la luna llena, y mi instinto me decía que ella no me habría pedido aguardar tanto tiempo para el momento más esperado de mi vida. Así que me determiné a estar allí el día décimo de la luna creciente, para el que no faltaba tanto, y en el que aún habría suficiente luz para poder ver su rostro perfecto.

Estábamos a principios de la primavera, un tiempo para el despertar, incluso aquí en el desierto, y me pareció adecuado, ya que aquellos veinte años lejos del Jardín, aunque fructíferos a un nivel último, habían sido de algún modo grises y fríos como el invierno o como el tiempo pasado en un capullo de seda. La sensación y los colores del Jardín cuando entré reflejaban el lugar al que mi propia vida había llegado: el portalón estaba viejo y desgastado, el enladrillado y el banco de madera seguían allí, aunque descoloridos por el paso del tiempo, suavemente desgastados por los pies y las manos a lo largo de los años. El algarrobo parecía estar exactamente igual, y también la fuente, aún rebosando con el sonido dulce del agua del desierto. Me senté en el banco; había una parte de mí cansada por los años, pero mi corazón latía con fuerza mientras hervían los pensamientos, los recuerdos y las expectativas. Descansé mi cabeza entre las palmas de las manos y escuché pensativo. Ella no aparecía, y el Jardín se llenó de quietud al caer la noche.

Miré al suelo y vi una gran vaina de semillas que había caído del algarrobo, me agaché y la recogí colocándola en mi regazo; mientras esperaba me quede absorto mirándola fijamente. Siempre había deseado traer un regalo al Jardín, algo precioso con que ofrendar a los maestros, y sin embargo, a lo largo de todos estos años, nunca había aparecido nada lo suficientemente valioso. Cualquier cosa en la que pensaba para ofrecer, me parecía inmediatamente insignificante comparada a los impagables regalos que había recibido. De modo que, en todas mis visitas, nunca traje ni un solo detalle para Ellos. Pero ahora lo había encontrado. Sostuve la vaina en mi mano, miré la hilera de semillas, y me comprometí a hacerles este regalo. Les devolvería Su amabilidad así: me llevaría estas semillas y plantaría nuevos árboles en nuevos Jardines que construiría para que otros maestros guiasen a otros discípulos, como Ellos me habían guiado a mí.

Estuve sentado durante horas, al principio impaciente, y luego en una paz que iba en aumento. Los años de contemplación en los sucesos del jardín y las décadas dedicadas a la meditación y al servicio parecían formar un círculo en torno a mí, como un viento prístino corriendo a mi alrededor que me comprimía hacia adentro, creando una masa fuerte y sólida. Era un pensamiento claro y único que se había ido formado durante algún tiempo de mi vida, que me sugería y me daba indicios de alguna verdad elevada. Y ahora, mientras esperaba a la Dorada, de repente se convirtió en algo luminoso y claro como un cristal emitiendo su propia luz. Empezó evocando una vez más a mi madre y el sufrimiento por el que había pasado.

Comprendí con claridad que su sufrimiento había sido dictado por hechos acontecidos en su propio ser: cosas que ella había pensado, dicho o hecho, que habían creado impresiones en ella que la habían obligado a verse sufrir y morir tal como lo hizo. Pensando en los dos mayores sufrimientos de mi propia vida, estar separado de ella y de la Dama del Jardín, comprendí que debían haber surgido del mismo modo. También supe que cualquier sufrimiento podría cambiar, sólo si cambiaban sus causas, las impresiones —purificando la mente de dichas impresiones negativas del pasado y llenándola con nuevas y poderosas impresiones positivas. También podía afirmar, honestamente, sin ningún sentimiento inapropiado de orgullo, que había dedicado los últimos veinte años de mi vida a limpiar del mejor modo posible mis impresiones negativas; que había seguido la vida de un guerrero con esfuerzo sincero y honesto, en mi interior y hacia el exterior, plantando de este modo nuevas y sagradas impresiones de un gran poder. Y así tenía la plena seguridad de que mi vida, la realidad a mi alrededor, y la realidad que las nuevas impresiones creadas en mi mente me hacían ver a medida que florecían, debían empezar a cambiar y a transformarse con toda seguridad en un mundo de luz y bondad superior a cualquier cosa que podía haber esperado cuando en mi juventud inicié este sendero por el jardín. En resumen, supe por qué había recibido la nota y supe que aquí y ahora me encontraría con Ella para que algún tipo de virtud última tuviera lugar.

A medida que estos pensamientos llegaban a su fin, un final de un gran silencio santo, oí sus pisadas. No había modo de confundirlas, sabía con certeza que no podían ser de nadie más. No era el salto juvenil, el único sonido de pisadas que yo había oído de ella, sino más bien el mesurado y seguro andar de una mujer fuerte y madura. Mi corazón se aceleró aún más, latiendo tan fuerte que tuve miedo de que estallara en aquel momento, e instintivamente pasé del banco a la hierba, sin atreverme a levantar la mirada, y la oí sentarse.

Mi corazón se calmó y pude escuchar cómo Ella respiraba; me detuve para saborear el hecho de que todavía estaba viva en mi mundo y que podría volverla a ver. También en su perfume llegó a mí aquel aroma de gardenia, la fragancia que ella siempre desprendía, y que desde entonces no había vuelto a sentir; irrumpió en mi corazón como ninguna visión o sonido podía haberlo hecho. Sentí la primavera en el Jardín, evoqué el final del invierno y el amanecer del nuevo Sol, el calor. Me deleité con su presencia, sentí y saboreé su fragancia, escuché la canción de su respiración como la tierna brisa que salía del desierto en verano. Abrí los ojos.

Lo primero que vi fueron sus ojos, su mirada fija en mí llena de ternura, sus ojos de gacela castaños, brillando con un ímpetu renovado por las emociones de la juventud, acentuados por los años y la separación. Se me acercó, me tomó la mano, y dejando los ojos atrás, le miré a la cara.

Se la veía cansada, agotada: el tiempo había secado sus suaves facciones redondas y las había hecho angulosas, tenía duras las mejillas y la barbilla, y líneas crueles esculpidas por el tiempo cruzaban su frente y el contorno de sus ojos, y habían consumido también las palmas y el dorso de sus manos. Conservaba su largo y dolorosamente hermoso cabello dorado, aunque menos abundante y con mechones grises, y sin el brillo ni los rizos juveniles. De toda su presencia se desprendía cierto cansancio, de sus hombros decaídos y las duras comisuras de sus labios y la resignación en el fondo de sus ojos. Había vivido una vida con algo de felicidad, mucho sacrificio, grandes desengaños, una vida normal, como la de una madre, y ahora, a medida que se acercaba a su final, tenía pocas esperanzas, pocas expectativas, y estas expectativas no parecían lejanas ni muy prometedoras. Era una mujer ordinaria, una madre, un ama de casa ya mayor; una vida sin importancia ni alicientes.

Y aun así, a pesar de lo que veía, me sentía atraído, atraído por la esperanza de toda una vida y quizás guiado por las cosas que había aprendido y llegado a saber. Un pensamiento asaltó mi corazón, un pensamiento irresistible, un conocimiento, algo que no podía rechazar pero que me aterraba expresar. Sabía que ella era quien me había traído al Jardín, que era ella quien me había dado enseñanzas por primera vez, y sabía que las lecciones silenciosas recibidas allí no eran erróneas, no eran ordinarias. Sabía que mi vida había sido moldeada en el Jardín, y que ella no era una mujer ordinaria, ciertamente no era el ama de casa ordinaria que pretendía aparentar ante mí ahora. Sabía que era totalmente posible que fuera un ser Iluminado que vino a mi casa en los días de nuestra infancia para que me acercara a Ella, a fin de que, primero ella y después los Maestros del Jardín, pudieran instruirme. Sabía que no debía creer en lo ordinario que veía ante mí y sabía muy bien lo que hacer, aunque una parte de mí vacilaba, temía y dudaba. Me tiré al suelo en la hierba, bocabajo ante Ella, y después me puse de rodillas, tomé sus manos y hundí mi rostro en ellas estallando en lágrimas, mientras le imploraba:

—Llévame ahora, por favor, por favor, llévame a tu paraíso.

Sentí que retiraba bruscamente las manos y todo su cuerpo retrocedía hasta el final del banco. Miré su rostro, buscando una respuesta, pero en él sólo vi horror, y a ella gritando:

¡Te olvidas de tí mismo!¡Eres un monje!

Dudé un breve instante, pero el conocimiento, el conocimiento y las oraciones de toda una vida me hicieron insistir. Me acerqué para cogerle las manos y pedirle de nuevo:

—Ángel, ángel dorado, por favor, llévame, llévame contigo, ahora.

Con rapidez volvió a retirar las manos, y sentí una bofetada hiriente en mi mejilla. Bajé la cabeza avergonzado e inseguro, con los ojos cerrados, y sólo escuché un sonido de desagrado y sorpresa:

—¿De qué me estas hablando? ¿Qué te pasa? ¿Estás ciego? ¿Loco? Mírame, mírame bien. No soy un ángel, soy una mujer normal, una mujer con marido e hijos, una mujer normal que está vieja y cansada, una mujer al final de su vida, una mujer que no sabe nada ni espera nada. Mírame, mira.

De nuevo traté de alcanzarla, pero esta vez Ella se incorporó y con su pie, que estaba junto a mi mano, pisó el suelo furiosa:

—¡Detente! ¡Para! ¡Eres un loco!

Se dio la vuelta con rapidez, pero conseguí agarrarle la mano, luego el brazo, la atraje hasta mí y caí de rodillas, me ayudé con la otra mano y tiré de las suyas hasta llevarlas a mis lágrimas y supliqué por tercera vez:

—Por favor, llévame ahora, por favor.

—¡Mírame! —exclamó.

No podía.

—Mírame ¡Ahora!

No podía.

—Mi amor, ahora, levanta los ojos.

Rezando, la miré, y vi su rostro iluminado por la luna, mirando hacia abajo, hacia mí. Era en verdad la cara de un ángel, delicada, la de una chica de dieciséis años, brillando dulcemente, expresando amor infinito y empañada por las lágrimas. Y luego fue cambiando, lenta y suavemente. Y pude ver con claridad, con pureza, que su cara era la cara de cada uno de los maestros del Jardín, y supe que Ella siempre había estado allí. Y Sus brazos se alzaron hacia la luna, como grandes alas doradas, y descendió sobre mí cubriéndome con ellas, protegiéndome como un feroz guardián.

Y después la quietud, sólo Su antigua e intensa ternura hacia mí, y el sonido de mi atropellada respiración y flujo sanguíneo en mis oídos.

Y la respiración se calmó en aquella serena ternura. Y después todo se quedó tranquilo, totalmente tranquilo.

Y siguió un calor intenso, y construir, y subir, hasta que hubo dos columnas de fuego dorado, alzándose hacia un cielo vacío. Y las columnas se fundieron en una. Y después yo soy Ella, Su mismo ser. Miro abajo y veo su dorado cabello, su cuerpo esbelto y los suaves y breves pechos, todo luz pura. Vuelvo los ojos hacia mi jardín despacio, y lo veo tal y como Ella lo ve. Es perfecto, un paraíso.

El mar es de un azul pálido y suave, y se mueve bajo suaves y ligeras brisas, formando suaves olas, miles, millones de ellas, que se extienden hasta el horizonte, a una distancia infinita.

Donde el azul se une con el cielo, se vuelve de un azul más oscuro, y a medida que asciende, este azul se vuelve oro; y el oro se hace más intenso cuanto más sube, hasta llegar a la esfera del Sol, demasiado brillante para poder mirarlo.

Y solo el Sol está en el cielo, tan sólo permanece allí tal cual es, estático, brillando, siendo su propia naturaleza.

El mar se mueve. Un trillón de diminutos remolinos se forma y se transforman en ondas, que se transforman en remolinos, que se transforman en olas a lo ancho de esta infinita extensión. Cada uno de estos remolinos se vuelve hacia el Sol por un instante. La luz del Sol centellea en ellos, y lanza trillones de diamantes de un lado al otro del mar; irreflexivo, sólo por ser él mismo, el Sol está ahí, en diminutas chispas de fuego cristalino de un lado a otro del mar.

Y en ese momento Yo soy el Sol. Por serlo, estoy en todas partes por debajo de mí, en todas partes sobre el mar, en esos instantes en que mi fuego aparece en cada pequeño remolino. Y cada breve destello de la luz del Sol es todo un mundo, rebosante de vida, cruzado y vuelto a cruzar por hombres y criaturas que nacen, viven y mueren, en su interminable búsqueda de felicidad.

Busco a mi madre en cada uno de estos infinitos mundos. Miro en el rostro de cada criatura, buscando su cara. No puedo hallar a ninguno que no sea ella. Y así brillo sobre todos, llevándoles a cada uno mi calor y proveyéndoles en cada nuevo Jardín de la semilla del algarrobo.

Ven, toca el Sol.

www.ingramcontent.com/pod-product-compliance
Ingram Content Group UK Ltd.
Pitfield, Milton Keynes, MK11 3LW, UK
UKHW021701190726
13853UKWH00001B/390